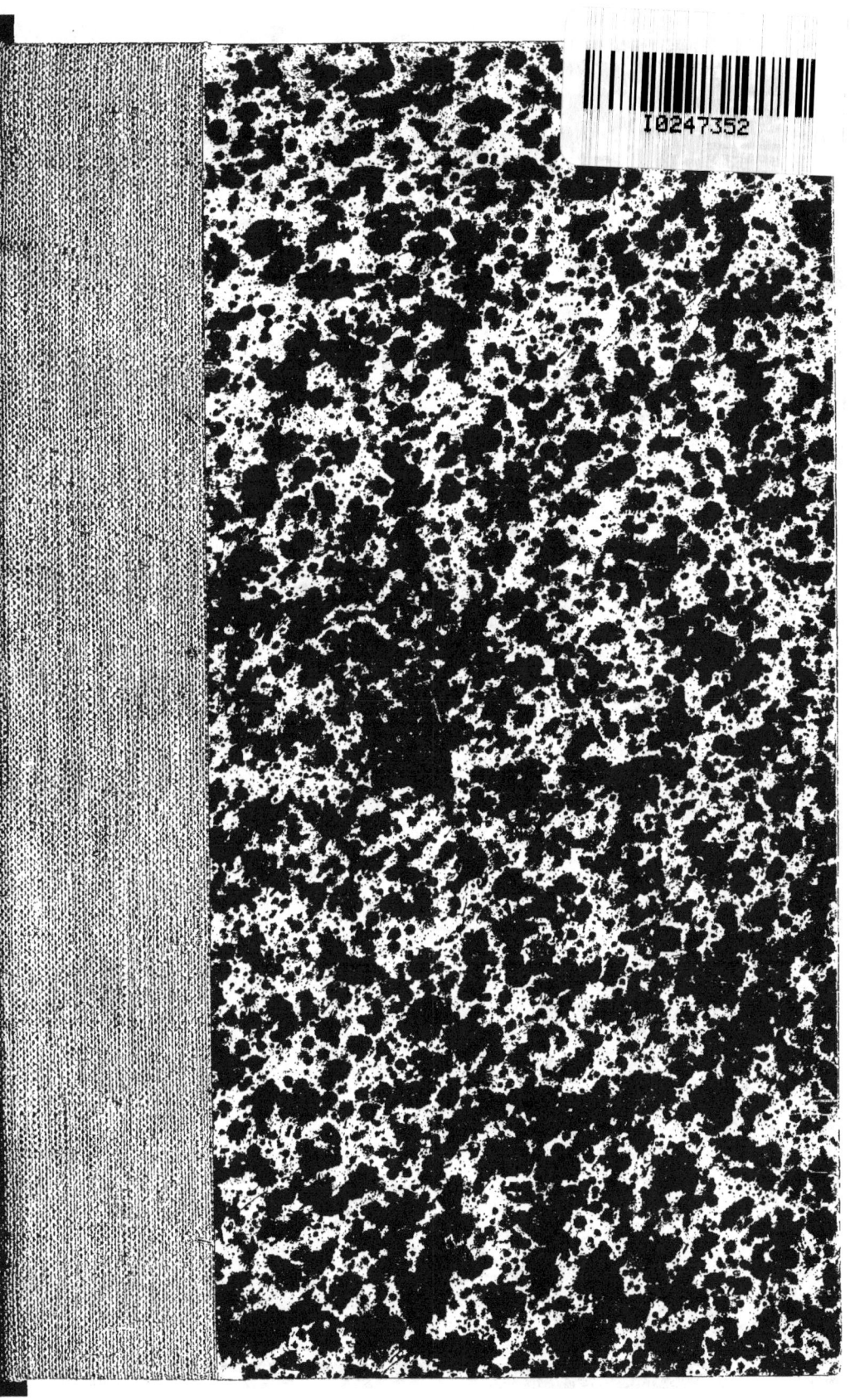

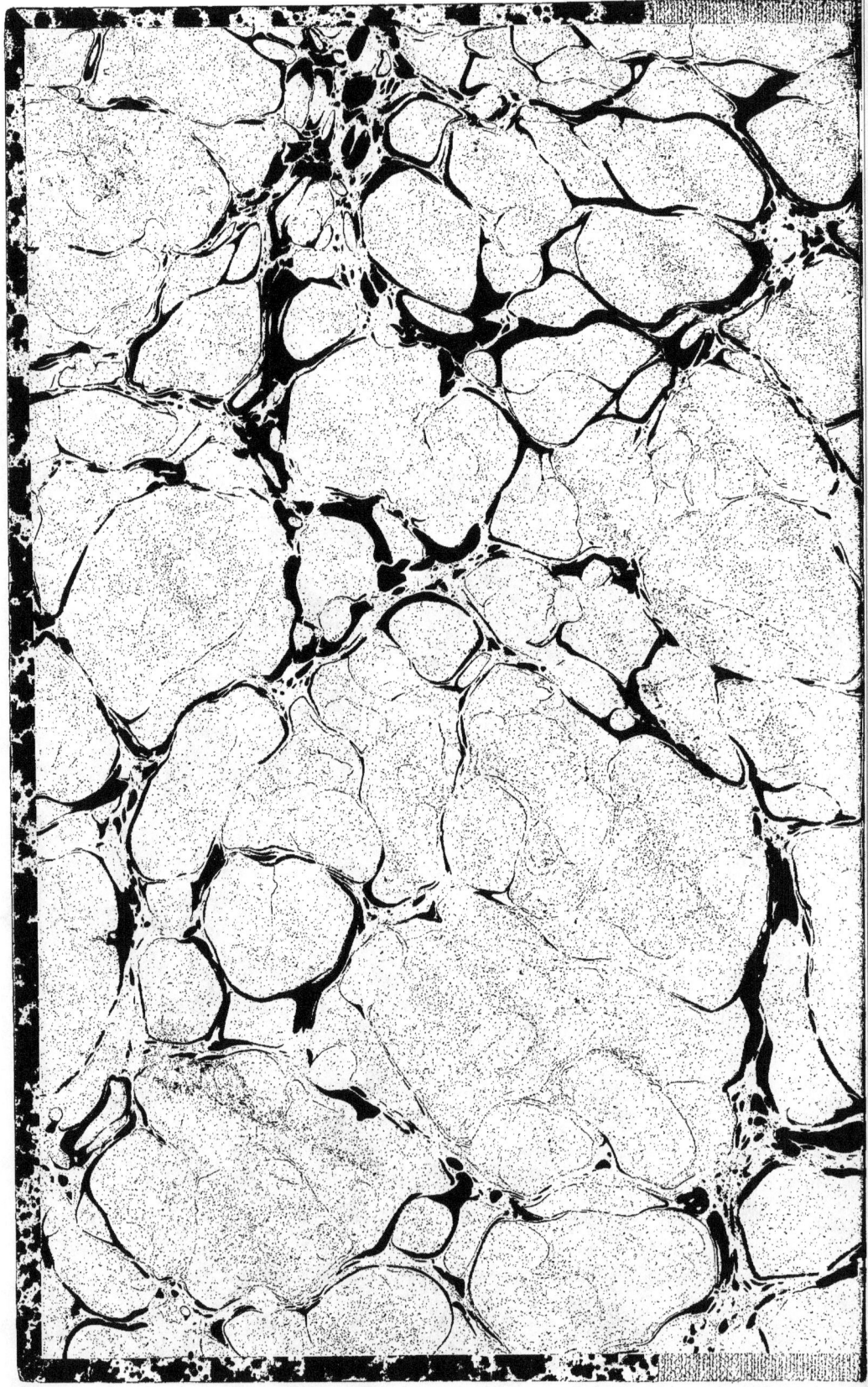

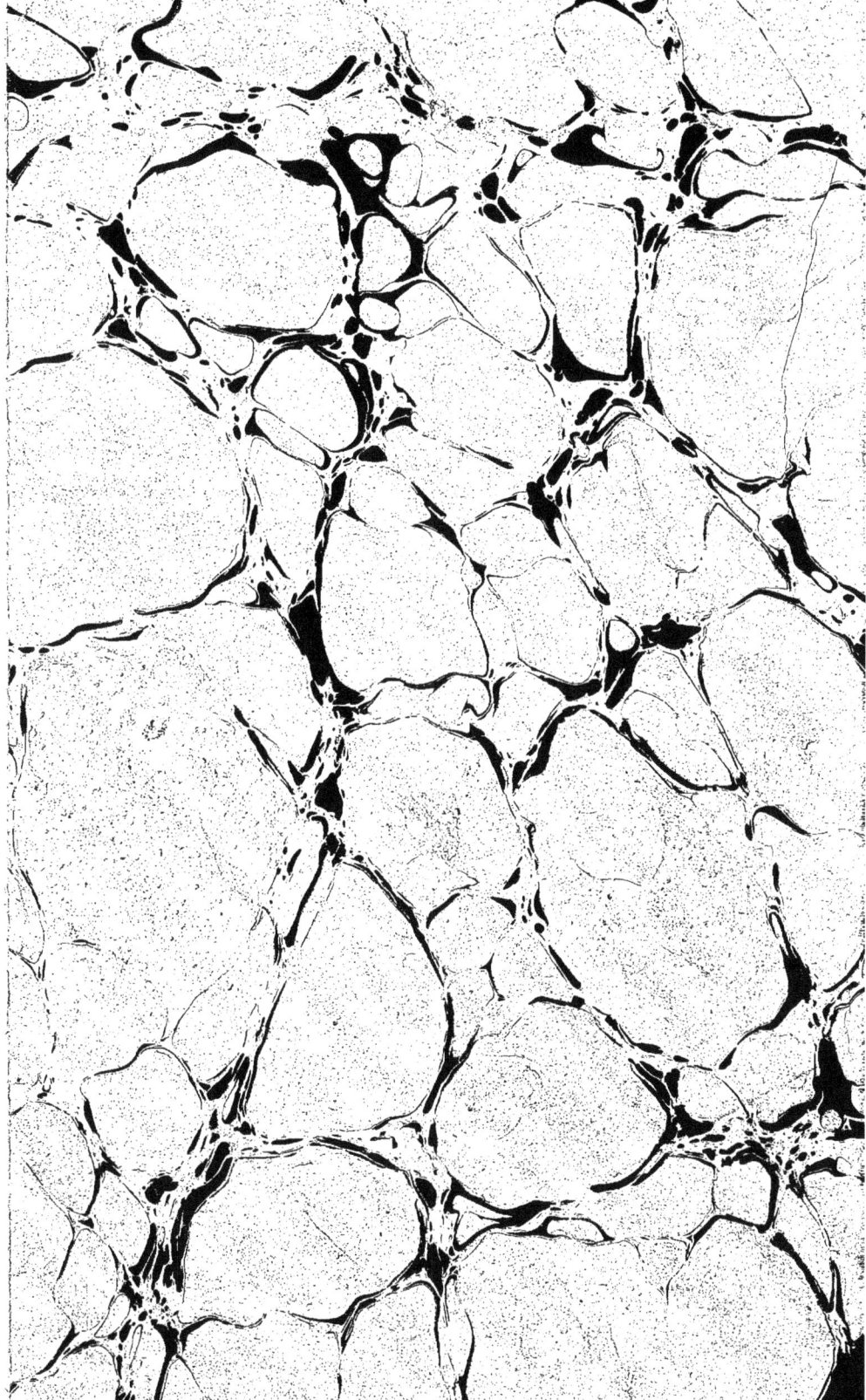

J. GAUVIN

Les

Martyrs du Progrès

SOCIÉTÉ FRANÇAISE
D'IMPRIMERIE
& DE LIBRAIRIE

LES MARTYRS DU PROGRÈS

Cinquième Série. — Format in-8°.

Plus d'une fois on vit des malheureux exposés à l'injure des foules.

J. GAUVIN

LES MARTYRS
DU PROGRÈS

NOMBREUSES ILLUSTRATIONS

Bernard PALISSY — Denis PAPIN
JOUFFROY D'ABANS — FULTON
PILASTRE DES ROSIERS — JACQUARD

PARIS
SOCIÉTÉ FRANÇAISE D'IMPRIMERIE ET DE LIBRAIRIE
ANCIENNE LIBRAIRIE LECÈNE, OUDIN ET Cie
15, RUE DE CLUNY, 15

Ceux qui vivent, ce sont ceux qui luttent ; ce sont
Ceux dont un dessein ferme emplit l'âme et le front ;
Ceux qui d'un haut destin gravissent l'âpre cime ;
Ceux qui marchent pensifs, épris d'un but sublime,
Ayant devant les yeux, sans cesse, nuit et jour,
Ou quelque saint labeur ou quelque grand amour ;
C'est le prophète saint prosterné devant l'arche ;
C'est le travailleur, pâtre, ouvrier, patriarche,
Ceux dont le cœur est bon, ceux dont les jours sont pleins.

       Victor HUGO.

AVANT-PROPOS

LE PROGRÈS

On parle beaucoup de progrès un peu partout et en toutes circonstances à notre époque ; combien discourent sur le mot sans bien se pénétrer de la puissance de la chose !

Le progrès est la conséquence même de la vie.

Tout ce qui vit se modifie, se transforme dans la nature, et les sociétés, comme les hommes, comme tous les êtres, comme les plantes elles-mêmes, subissent des transformations, des modifications insensibles en apparence, mais réelles en fait.

Quel chemin parcouru depuis l'homme des cavernes au cerveau si peu différent de celui de la brute animale ! Si nous considérons certaines peuplades sauvages de l'Australie encore très primitives dans leurs mœurs, très frustes dans leurs habitudes de vie, on peut mieux se rendre compte de cette merveilleuse évolution qui a, dans l'espace de quelques milliers d'années, bouleversé les conditions d'existence de toute l'humanité. C'est que, comme l'a si bien dit un philosophe, cet homme de la préhistoire, si *voisin qu'il fût de la brute, portait en lui une lueur qui, sensiblement, a grandi pour rayonner enfin comme un divin flambeau sur la nature tout entière.*

Avec cette autre force : la volonté, comme avec un merveilleux outil, l'homme s'est tracé cette voie qui va s'élargissant chaque jour davantage.

De la caverne, placée aux flancs abrupts de la montagne, l'homme est descendu sur les lacs, et, devenu le maître des eaux, il a conquis savanes et forêts, dompté les animaux les plus rebelles, exterminé les plus féroces.

La cité lacustre, avec ses huttes plantées sur pilotis, ses ponts et ses systèmes de défense, était déjà une étape marquante.

La matière vaincue, les minéraux : pierre, fer, etc., utilisés et adaptés aux nécessités nouvelles, continuaient la série.

Dompteur de la matière, l'homme s'instaura en roi dans la nature qu'il plia à tous ses caprices, à toutes ses exigences, à ses moindres besoins.

Or ceux-ci augmentèrent avec les progrès réalisés. A chaque découverte correspondait une exigence nouvelle, et l'être humain, sans même s'apercevoir de cette transformation continue et certaine, se modifia, s'affina chaque jour davantage.

Pour transporter les produits du sol, il ouvrit des routes à travers les lianes de la forêt vierge, il nivela les monts, jeta des ponts sur les fleuves, creusa des canaux, fit des chars et des bateaux, édifia les cités comme autant de haltes glorieuses pour l'humanité en travail.

Puis, audacieux comme un triomphateur à qui rien ne résiste, il se lança sur l'océan, brava les tempêtes, défia les vagues courroucées, dévora l'espace.

L'homme est descendu sur les lacs. Village lacustre.

Il plongea même au sein des mers et, comme en un rêve grandiose, il tenta la conquête de l'air : c'est la préoccupation de notre temps.

L'humanité en est à ces deux chapitres de sa vie : navigation sous-marine, navigation aérienne. Aura-t-elle bientôt la maîtrise complète de ces deux éléments ? Demain répondra à cette question difficile à résoudre pour le moment.

La volonté et l'intelligence de l'homme sont deux formidables leviers pour briser tous les obstacles.

Mais il ne faut pas seulement voir cette volonté et cette intelligence, il faut, pour mieux comprendre la grandeur de ce progrès incessant, jeter un regard attentif sur la route parcourue, il faut mesurer l'énormité de l'effort géant à la somme des vaincus qui tombèrent tout au long du chemin, tués par la grandeur même de leur rêve ; il faut considérer la liste considérable des martyrs qui jalonnèrent cette voie merveilleuse.

Depuis la hache de pierre et l'aiguille à peine dégrossie de silex éclaté jusqu'aux machines, outils qui sont en train de diminuer encore la nécessité d'un maximum de force animale dans les grandes entreprises, c'est un essor superbe de la pensée dominant les forces les plus brutales, c'est le triomphe de cette petite lueur qui était enclose dans l'être, le plus faible peut-être parmi tous les êtres du globe.

Le récit de ce martyrologe qui fait la grandeur du Progrès lui-même, suffirait à constituer la plus belle histoire du travail, la plus forte leçon d'énergie pour les générations qui viennent ; mais plusieurs volumes ne suffiraient pas à cette tâche. Pour aujourd'hui, nous limiterons notre entreprise à quelques types qui pourront à eux seuls donner déjà une idée de ce que peut la volonté au service d'une pensée maîtresse qu'il s'agit de réaliser.

Puisse l'exemple de ces grands ouvriers qui s'appe-

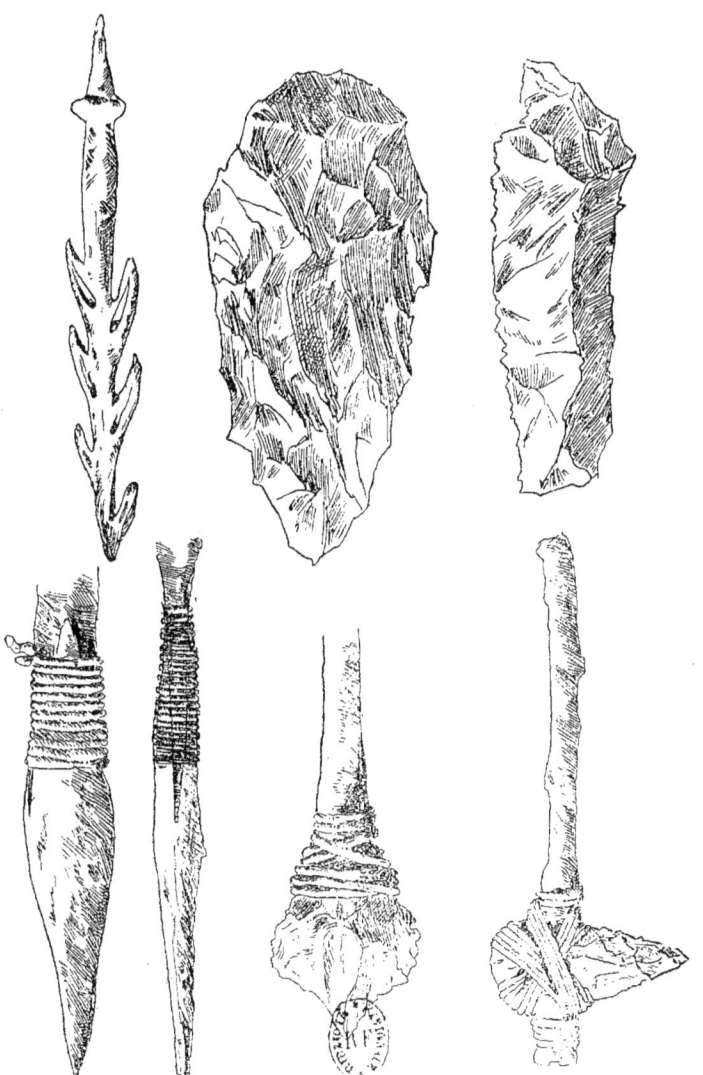

Les armes de l'âge de pierre

lèrent *Bernard Palissy, Denis Papin, Jouffroy d'Abans, Jacquart,* etc., *grandir le courage et l'application des jeunes Français.*

Ils apprendront, au récit de ces vies douloureuses, de ces labeurs méconnus par leurs contemporains, que la persévérance et la foi dans l'œuvre entreprise sont deux bien grandes choses, et que, si le succès, la gloire immédiate, ne parviennent pas toujours à couronner leurs travaux,

> *Il n'est point de peine perdue*
> *Et point d'inutile devoir,*

comme l'a dit le poète; la postérité recueille toujours les fruits de leur obstination sérieuse, de leur science si péniblement conquise.

Chacun de nous doit donc, sans se plaindre et sans attendre d'autre récompense que la satisfaction du devoir accompli, faire son effort dans le cercle où la destinée l'a placé, et, comme le bon arbre, donner ses meilleurs fruits dont bénéficie toujours l'humanité.

LES MARTYRS DU PROGRÈS

PREMIÈRE PARTIE

UN GRAND OUVRIER

BERNARD PALISSY

I

COMMENT SE FORMAIT AU TEMPS JADIS UN VÉRITABLE OUVRIER

Bernard Palissy fut un grand ouvrier, un ouvrier d'une espèce assez rare et qui mérite, par son caractère, l'attention de tous ceux qui s'intéressent au progrès.

Il vécut à cette époque particulière de la Renaissance si féconde en génies de toutes sortes. Rarement, en effet, sur plusieurs points de l'Europe, à la fois, on vit telle floraison de génies, telle abondance d'esprits ayant une culture aussi étendue et aussi générale.

L'Italie, l'Allemagne, les Pays-Bas, la France, fournirent à l'humanité une pléiade d'hommes : artistes, savants et lettrés, qui semblèrent un instant vouloir renouveler la face du monde.

Ainsi Léonard de Vinci, l'admirable peintre de la *Joconde* n'était pas seulement un maître ès arts : c'était aussi un architecte, un mathématicien distingué, un mécanicien d'une valeur très grande.

Sa pensée, allant par delà son époque, entrevoyait les grands problèmes de locomotion qui nous passionnent aujourd'hui. L'aviation déjà préoccupait le philosophe. Il prévoyait l'avenir du plus lourd que l'air, et, après avoir observé et longuement décrit le vol des oiseaux, il avait essayé de construire la première machine volante. On n'avait pas encore, pour rendre à ses efforts toute leur valeur, découvert la force motrice qui, de nos jours, permet toutes les hardiesses; c'est pourquoi le problème resta insoluble pour le moment.

On est frappé, quand on lit les mémoires, les réflexions, les observations des hommes de ces temps, de constater combien, en somme, ils sont près de nous par leurs rêves, par leur désir d'un progrès matériel et moral qu'ils appellent de tous leurs vœux, et qu'ils travaillent à réaliser avec toute leur intelligence sereine, avec toute leur volonté que rien n'abat.

Bernard Palissy.

Je ne sais pas d'étape dans l'humanité plus attirante que cette période de transition entre le chaos moyenâgeux et la vie moderne. Ce fut comme un bouillonnement extraordinaire des meilleures et des pires forces qui cherchaient leur voie.

*
* *

Bernard Palissy est une vibrante expression de cette époque.

On n'est guère fixé sur ses origines. On sait seulement qu'il naquit au pays de Gascogne, non loin des rives de la Garonne, en 1506 ou 1510, on ne sait trop au juste, et l'on ne peut guère savoir, puisque d'Aubigné prétend, lui, qu'il vit le jour en 1499.

Certains biographes ont fixé à la Chapelle-Biron (Lot-et-Garonne), sur la limite du Périgord, le lieu de sa naissance, tandis que d'autres érudits ont cru, d'après Olivier de Serres, que Bernard était originaire du pays de Saintes, parce que, dans ses relations, en 1600, c'est-à-dire dix ans après la mort de Palissy, le bonhomme Olivier l'appelle « le paysan de Saintonge ».

Ceci n'a pour nous qu'une importance relative, et vraiment nous ne pouvons que nous en référer à Bernard lui-même qui appelle la Saintonge « le pays de son habitation ».

Quoi qu'il en soit, Bernard Palissy fut un grand voyageur. La Fontaine a dit quelque part : « Quiconque a beaucoup vu, peut avoir beaucoup retenu. » Il est certain que Palissy, au cours de ses voyages, vit beaucoup de choses et sut les observer.

Dans son *Traité des Pierres*, auquel il faut souvent se reporter, il déclare qu'il n'a jamais eu « d'autres livres que le ciel et la terre, qu'il est donné à tous de connaître et de lire ».

La Nature fut donc la grande éducatrice ou mieux l'unique institutrice de Bernard Palissy ; elle en fit un être supérieur aux bourgeois du XVIe siècle.

Certes, ce ne fut pas sans peine qu'il parvint à s'instruire, car, ne l'oubliez pas, pauvre, sans ressource aucune, il lui fallait gagner sa vie tout en travaillant.

Entré comme apprenti dans une verrerie d'Agen, il y apprit la peinture sur verre et l'assemblage des vitraux peints, ce qui le conduisit à étudier bien à fond le dessin.

En ce temps-là, l'art du vitrail traversa une crise sérieuse, et il ne faut pas s'imaginer que Bernard Palissy fût un habile verrier à la façon de Jean Cousin ou de Robert Pinaigrier. Des érudits lui avaient à tort attribué les vitraux représentant Anne de Montmorency et sa famille dans l'*Histoire de Psyché*. Il

Léonard de Vinci (vieux, crayon par lui-même).

ressort de ses propres écrits que ses connaissances en la manière furent plutôt limitées.

Il est plus rationnel d'admettre qu'il fut plutôt chargé de l'assemblage et de la réparation des vitraux colorés que de leur fabrication.

Il dut aussi, son apprentissage terminé, être de ceux-là qui allaient de bourg en bourg, de château en château, un peu à la façon de nos vitriers, travaillant à réparer les verrières endommagées.

« L'on pensait, avoue-t-il lui-même, que je fusse plus savant en l'art de peinture que je n'étais. »

Du reste, comme je l'ai déjà indiqué plus haut, les temps devenaient plus difficiles pour les gentilshommes verriers, et l'art de la figure, dans le vitrail, commençait à être sérieusement discrédité.

Il faut, en effet, considérer que l'imprimerie, en multipliant les livres pieux pour les offices, rendait nécessaire, dans les églises, l'entrée de la pleine lumière par les ouvertures qui s'y trouvaient ; d'où cette constatation de Palissy lui-même :

« J'ai vu du temps que les vitriers avaient grande vogue, à cause qu'ils faisaient des figures pour les vitraux des temples, mais cela changea et ce fut un grand malheur advenu aux verriers des pays de Périgord, Limousin, Saintonges, Angoumois, Gascogne, Béarn et Bigorre, car dans ces pays les verres sont mécanisés en telle sorte qu'ils sont vendus et criés par ceux mêmes qui crient les vieux drapeaux et la vieille ferraille, tellement que ceux qui les font et ceux qui les vendent travaillent beaucoup à vivre. »

Léonard de Vinci.

II

L'ÉVOLUTION D'UN OUVRIER

Sur la route de Tarbes, s'en allait, ce matin, le bissac au dos, joyeux compagnon en quête de travail, Maître Bernard Palissy.

Sans sou ni maille, depuis de longs jours qu'il battait les campagnes, ne trouvant guère d'asile qu'en de pauvres chaumières, Maître Bernard se hâtait, espérant bon gîte et travail dans la cité pyrénéenne.

Il allait, du reste, avec quelque certitude, car, membre du compagnonnage des vitriers, il savait qu'à Tarbes *la mère du devoir* l'hospitaliserait (1).

En ce temps-là, les ouvriers, associés par corporations, se prêtaient aide et secours ; leurs groupements, qui s'appelaient encore des *devoirs*, étaient des organisations mutualistes, précieuses pour les travailleurs désireux de s'instruire par les voyages.

Chaque compagnon trouvait, dans tous les centres ouvriers, un foyer où il pouvait se reposer ; des avances d'argent même lui étaient faites. Il était, non seulement

(1) Itinéraire emprunté à la Bibliographie de Bernard Palissy par M. Audiat.

hospitalisé, mais renseigné et aidé. On s'inquiétait de lui trouver du travail, de le protéger. L'association intervenait, si besoin était, auprès des autorités. C'était donc une action puissante et efficace pour le travailleur honnête et intelligent.

Chaque société locale avait une *mère*, femme âgée chez laquelle se tenaient les réunions et dont le logis devenait le refuge des frères, lorsqu'ils tombaient malades ou se trouvaient sans ressources. C'est à la porte de la *mère* que frappait le compagnon. Au moyen de certains signes particuliers et secrets, il se faisait reconnaître comme affilié au *devoir*, et, aussitôt, il était hébergé et secouru comme je l'ai dit plus haut.

Mais le compagnonnage ne bornait pas son effort à ce rôle mutualiste : il s'appliquait encore à favoriser le progrès de l'industrie, l'essor du métier. Les cités où l'ouvrier pouvait se perfectionner lui étaient indiquées comme les étapes nécessaires à son développement, et de véritables grèves s'organisaient sur tels centres dès que les rapports des compagnons y signalaient l'excès dans les exigences des maîtres ou la diminution des salaires.

Lyon vit au XVIe siècle sa grève. Une sorte d'interdit frappait les villes comprises dans cette manière de réprobation, et plusieurs de ces manifestations ouvrières eurent leurs journées sanglantes.

Comme on le voit, la question ouvrière n'est pas une question contemporaine ; elle fut de tout temps, et les mêmes problèmes se reposent avec la même acuité à diverses époques de l'histoire.

J'ai ouvert cette parenthèse à dessein, pour mieux faire comprendre l'évolution ouvrière de Bernard Palissy et le placer mieux, si possible, dans le cadre de son temps.

Donc, Maître Bernard, après avoir erré à travers les ruelles tortueuses de Tarbes, s'en vint bientôt frapper avec assurance à la porte d'une maison d'apparence modeste.

Une vieille femme, la *mère*, on l'a deviné, vint lui ouvrir. Habituée à recevoir presque chaque semaine de ces visites d'étrangers, elle n'en parut point trop surprise. Le jeune verrier, posant son maigre baluchon sur un escabeau, se pencha à l'oreille de la *mère* et lui murmura le mystérieux mot de passe qui devait le faire admettre au logis.

— Bienvenu sois-tu, mon fils, lui dit-elle gravement. Assieds-toi là, tu vas casser la croûte et boire un peu de ce clairet de Riscles qui t'aidera à reprendre tes forces. Tu es jeune, c'est vrai ; mais la route est longue et, à ton âge, on a besoin d'une nourriture substantielle.

Avec grand appétit, et sans se faire plus longtemps

prier, le compagnon Bernard se mit à table, dévora les beaux fruits du Lannemezan et se sentit vite ragaillardi.

Cependant la *mère* inspectait les vêtements contenus dans le baluchon ; elle en retirait une paire de chausses et un justaucorps assez élimés, mais propres et sans trous, et, satisfaite, elle approuva.

— Çà, mon gars, tes hardes sont en bel état et j'en suis fort joyeuse, car oncques ne fut bien vu gentilhomme verrier en penaillons. Mais si l'argent te fait défaut, dis-le-moi sans vergogne, afin que j'y puisse tôt pourvoir.

— Je vous remercie, la *mère*, mais, de rien, n'ai plus besoin ; bien portant, comme me voici, et tout dispos pour l'œuvre, je me sens plus fortuné que tous les plus riches bourgeois de céans.

— Ma fi, c'est fièrement parlé. Cependant la vitrerie ne va plus guère par chez nous; tout s'en va et l'art lui-même se perd.

— Comment osez-vous parler de décadence ? L'art, pourtant, semble avoir à cette heure son renouveau. N'avez-vous donc point ouï parler, par quelque compagnon de passage, des merveilles du palais que Sa Majesté, le roi, notre maître, fait, pour son plaisir, édifier à l'orée de la forêt de Fontainebleau ?

Et les embellissements qui font du nouveau Louvre

une huitième merveille? Lors de la halte que j'ai faite en la cité d'Agen, j'ai appris que des travaux entrepris par les artistes venus d'Italie ont été commencés à Paris, et, déjà, ce sont de belles œuvres comme jamais on n'en vit au pays de France.

— Mais notre roi, qui vient si bien en aide aux mécréants d'Allemagne, s'il s'occupe de ses palais, n'élève plus d'églises ; or, vous savez, Messire, que le vitrail a eu surtout ses heures de gloire au temps des belles cathédrales. Vous voilà, tous les compagnons verriers, réduits au métier de ravaudeurs, métier plutôt pénible pour des gentilshommes.

— Dame, répondit en souriant Maître Bernard, il est certain que les temps sont durs pour tous.

Et la conversation continua sur ce ton, la *mère*, outrée par le progrès des idées nouvelles en matière de religion, Palissy, amusé plutôt, en raison de ses sympathies secrètes pour les novateurs.

Bientôt, le compagnon fut conduit dans sa chambre, pièce très vaste pourvue d'un ameublement qui semblait fort confortable pour l'époque. Le lit, de dimensions énormes, s'adornait de courtines d'étoffe lourde. Un bahut à ferronneries, également lourdes, avait de chaque côté des escabeaux à découpures d'une agréable forme. Pour sa toilette, une aiguière et un bassin en étain complétaient l'ameublement.

Maître Bernard se mit en devoir de profiter le plus largement possible d'un si cordial accueil.

* *

Le lendemain, dès l'aube, le jeune verrier, debout, se mit en quête de travail. Les indications et les recommandations de la mère lui furent certes précieuses ; mais des jours et des semaines passèrent, n'apportant qu'un travail intermittent et par suite peu rémunérateur.

Il fallait cependant vivre ; insensiblement, commença, à cette époque, l'évolution qui devait faire du simple ouvrier verrier un admirable potier d'art.

Maître Bernard fit alors comme beaucoup de ses pareils : sur son dos, il mit le cadre classique avec les verres divers et les lamelles de plomb ; il alla de bourg en bourg, de château en château, réparer les ravages du temps dans les claires verrières.

C'est ainsi que ses nouvelles pérégrinations l'entraînèrent au fond des gorges pyrénéennes, au creux des vallées ou sur les monts.

Esprit attentif, observateur intelligent, il rechercha le pourquoi et le comment des choses qui l'entouraient dans la nature, et il recueillit, chemin faisant, les éléments de son intéressant livre sur les *Pierres* et sur les *Eaux et Fontaines*.

Il visita les vallées et les gorges pyrénéennes.

Il arrive ainsi à se rendre compte du rôle essentiel que les eaux jouent dans la nature.

Il y a, dans sa manière de noter avec exactitude le travail des eaux courantes, les phénomènes d'érosion qu'elles produisent dans les dépôts dont elles se chargent et se débarrassent dans leur cours, des preuves d'un véritable esprit scientifique.

Déjà il relève la décomposition de certaines matières organiques par l'eau; il a constaté ce phénomène en voyant les dissolutions aqueuses des fumiers, et il déplore ainsi la perte de ces éléments solubles, par cela même plus nutritifs pour les plantes; il écrira plus tard :

« Il faut que tu prennes des bassins qui puissent tenir l'eau, comme si tu voulais porter de la vendange, et lors tu porteras ladite matière claire... Je t'assure que c'est le meilleur du fumier, voire le plus salé ; et si tu fais ainsi, tu apporteras à la terre la même chose qui lui avait été ôtée par les accroissements des semences, et les semences que tu y mettras après reprendront la même chose que tu y auras porté. »

Le verrier, comme on le voit, s'intéresse aux choses de la terre; il reste, malgré tout, le fils de celle-ci, et quand il aura, au cours de ses pérégrinations, mieux connu les dangers qui guettent les paysans attirés par le clinquant des villes, devant la désertion des campagnes qui n'est pas chose nouvelle, il écrira cette page que doivent méditer tous les gens qui vivent aux champs, soit qu'ils aient des fils à élever, soit que le mirage trompeur des villes les ait déjà trop fait rêver :

« Je m'émerveille, dit-il, d'un tas de fols laboureurs, qui, dès qu'ils ont un peu de bien, gagné à grand'peine en leur jeunesse, ont honte de donner à leurs enfants leur état de labourage, et rêvent de les faire du premier jour plus grands qu'eux-mêmes... Ce que le pauvre homme aura gagné par son labeur, il en dépensera une grande partie à faire son fils monsieur, lequel monsieur aura enfin honte de se trouver en la compagnie de son père, et sera ennuyé qu'on dise qu'il est fils d'un laboureur. Et si, de cas fortuit, le bonhomme a certains autres enfants, ce sera ce monsieur-là qui mangera les autres et aura la meilleure part, sans avoir égard qu'il a beaucoup coûté aux écoles pendant que les autres frères cultivent la terre avec leur père. Voilà ce qui fait que la terre est le plus souvent avortée et mal cultivée, parce que le malheur est tel que chacun ne demande que vivre de son revenu et faire cultiver la terre par les plus ignorants, chose malheureuse. Je souhaiterais que les hommes eussent aussi grand zèle et fussent aussi affectionnés au labeur de la terre comme ils sont affectionnés pour acheter les offices, bénéfices et grandeurs ; alors la terre serait bénite, et le labeur de celui qui la cultiverait produirait ses fruits en sa saison (1).»

Maître Bernard ne perdait donc point son temps en balivernes. Il voyait et il retenait.

Les vapeurs qui se condensent autour des pics pyrénéens pour retomber en neige sous l'influence du froid des hautes altitudes arrêtent sa curiosité et font travailler son cerveau.

Il n'est détails pratiques auxquels il ne s'avise de descendre. Il regarde les maçons de Bigorre et de Béarn bâtir leurs murs avec « des cailloux qui ne se peuvent tailler à cause de leur dureté ».

Il faut bien l'avouer, Palissy en ce temps-là ne travaillait guère de son métier; il quitta Tarbes après deux ou trois ans passés à battre la campagne d'alentour et, reprenant son bagage de compagnon, il s'achemina vers les cités du Midi: Narbonne, Nîmes, Avignon ; de là, par l'Auvergne et la Bourgogne, il alla encore, notant même les travers des hommes rencontrés sur son passage.

Il raconte lui-même d'une façon assez piquante diverses anecdotes.

Voici un médecin fameux qui gagne beaucoup d'ar-

(1) *N. B.* — Pour rendre le texte aussi intelligent que possible à nos lecteurs, peu habitués au vieux français, nous avons cru devoir nous permettre certaines modifications insignifiantes qui n'altèrent en rien le sens ni la pensée.

gent, car sa célébrité est grande. Bernard, quelque peu surpris, évente le stratagème : le sire prétend reconnaître à première vue le mal dont souffre son client, et les gens qui s'extasient sur sa science n'ont point remarqué qu'avant d'être appelés dans le cabinet de consultation, ils ont fait assez longtemps antichambre en compagnie de la femme du docteur, laquelle a interrogé habilement chacun d'eux.

Le médecin, qui s'était caché, ayant recueilli les renseignements, était alors sorti par une porte dérobée ; il semblait rentrer comme d'une course et donnait ainsi aux clients l'illusion d'une science indiscutable.

Bernard Palissy relève aussi des fraudes chez les marchands de comestibles. Comme on le voit, le procédé n'est pas précisément nouveau.

Il met une certaine verve piquante à nous conter l'exploit de certain épicier « grand mixtionneur qui avait acheté trente-cinq sous la livre de bon poivre, puis, par l'addition de poudres et ingrédients divers, parvenait à le livrer à dix-sept sous et réalisait encore de très gros bénéfices à ce métier. Lors, je lui demandais, ajoute Palissy, pourquoi il agissait de la sorte et trompait méchamment. Mais sans aucune honte il soutenait que sa conduite était sagesse. »

Au demeurant, Palissy était un ouvrier fort consciencieux : il aurait voulu rencontrer plus le souci de la perfection et du progrès dans le métier. L'indignation qu'il exprime à propos des ouvriers de la terre, restés trop souvent routiniers, est caractéristique.

« Il semble, dit-il, à certains jouvenceaux que s'ils avaient manié un outil de labourage, ils en seraient déshonorés. Les armuriers changent souvent les façons des hallebardes, des épées et autres harnois ; mais l'ignorance de l'agriculture est si grande qu'elle demeure toujours à son ancienne mode. Il n'y a pas longtemps que j'étais au pays de Béarn et de Bigorre ; mais, en passant par les champs, je ne pouvais regarder les laboureurs sans me colérer en moi-même, voyant la lourdeur de leurs outils. Et pourquoi est-ce qu'il ne se trouve quelque enfant de bonne main qui s'étudie aussi bien à inventer des ferrements utiles pour le labourage, comme ils savent étudier à se faire découper du drap en diverses sortes étranges ? »

Faut-il s'étonner, en présence de ces réflexions qui dénotent une réelle sagesse, que Maître Bernard Palissy ait cherché dans un autre domaine de l'industrie humaine à engager son activité pour laquelle l'art décadent du verrier était un aliment insuffisant.

III

CHANGEMENT D'ORIENTATION

Si l'éducation première de Bernard Palissy avait été insuffisante, il faut reconnaître que ses voyages l'aidèrent puissamment à combler les lacunes de son instruction personnelle.

La riche moisson d'idées qu'il avait faite au cours de ses pérégrinations avait développé son intelligence, ouvert sa pensée aux nombreuses questions de ces temps, quand il vint s'installer à Saintes. Il est naturel que son génie artistique se soit éveillé et ait grandi si vivement parmi l'éclosion des chefs-d'œuvre enfantés par les cerveaux des artistes de la Renaissance.

« La science, a-t-il écrit quelque part, se manifeste à qui la cherche. »

Et de fait, ignorant le grec et le latin, il eut beaucoup à chercher par lui-même, les traductions encore bien incomplètes et bien insuffisantes des anciens à cette époque ne pouvaient guère l'aider d'une façon certaine dans la complète formation de son esprit.

La bibliothèque de Bernard Palissy ne fut jamais très encombrée d'ouvrages de sciences.

Du reste, ceux-ci étaient plutôt rares en ce temps-là. A côté de nombreux livres de piété, quelques écrits d'alchimie : « Un Geber, un *Roman de la Rose* et un Raimond Ludes et aucuns disciples de Paracelse, plusieurs autres alchimistes ont laissé des livres à l'étude desquels plusieurs ont perdu et leur temps, et leurs biens. Tels livres pernicieux, avoue-t-il plus tard, m'ont fait gratter la terre l'espace de quarante ans et fouiller les entrailles d'icelle afin de connaître les choses qu'elle produit dans soi. »

S'il y avait en cette période grand nombre de chercheurs de pierre philosophale, il est certain que Saintes notamment compta quantité de faux-monnayeurs et d'alchimistes, lesquels se communiquaient, de la main à la main, les recettes et notes qu'ils avaient pu se procurer sur la science hermétique.

Il y a, dans le *Roman de la Rose* de Jehan de Mehung, le fameux épisode des travaux de Dame Nature, résumé des formules hermétiques, connues à cette époque, et qui fut, pour tous les esprits passionnés d'alchimie d'alors, comme une révélation précieuse de la transmutation des métaux.

On ne peut s'empêcher de rapprocher de la vie pénible de Palissy, cette autre vie de maître D. Zeccaire, gentilhomme et philosophe guiennois, qui raconte dans un opuscule paru vers 1567 et que dut certainement connaître Palissy, ses déboires d'alchimiste. Seul, et sans maître, Zeccaire s'était lancé dans la voie de la découverte, traité de fou pour ses expériences ruineuses et quasi persécuté par tout son entourage.

Mais, dans ces formulaires vagues dépourvus de toute valeur scientifique, l'esprit net et vigoureux de Bernard devait vite apercevoir tout le néant de l'alchimie, sans le détourner cependant des recherches plus positives qui devaient notamment aboutir à la découverte de l'émail.

Il semblerait tout naturel de croire que Palissy fut conduit à cette découverte par son métier de verrier : ce serait cependant une erreur très grande, comme nous l'allons voir.

En effet, vers 1539, la peinture sur verre étant de plus en plus discréditée, il lui fallut, pour subvenir aux nécessités de sa vie et de celle des siens, car il s'était marié, recourir à une nouvelle industrie.

Ayant appris, en ses voyages, la géométrie et le dessin, il fit de l'arpentage et de la *pourtraiture*, c'est-à-dire, dans le langage de l'époque, l'art de tracer le plan d'une propriété, d'un terrain.

Il demanda donc aux opérations du géomètre les ressources que lui refusait le travail du verrier.

Il ne tarda même pas à acquérir auprès des plaideurs et des juges une certaine réputation qui lui valut d'être fort recherché comme expert, et il raconte : « J'étais

Anne de Montmorency.

souvent appelé pour faire des figures pour les procès. Or quand j'étais en telles commissions, j'étais très bien payé.»

Il arriva qu'étant, en ce moment, en Saintonge, vers 1543, le maréchal de Montmorency fut envoyé, par le roi François Ier, dans le but d'organiser la perception de la gabelle ou impôt sur le sel. Or, comme il lui fallait un homme capable de lever les plans des marais salants et des îles des pays circonvoisins, les délégués royaux, chargés de seconder le maréchal, s'adressèrent à Palissy, car, ayant préalablement confié ce travail au peintre Charles, celui-ci, fort habile en peinture, ne fournit qu'un plan confus des marais dans lequel il était assez difficile de se reconnaître.

Bernard Palissy fit merveille dans cette partie et fournit un travail remarquable.

L'abondance régna, un moment, dans le jeune ménage. Il s'installa en propriétaire dans une maison agréable et commode, près de la campagne, dans un faubourg qu'on a dans la suite appelé *les Roches*.

Dans cette habitation, conforme à ses goûts d'artiste et de poète, il pouvait entendre « murmurer le ruisseau qui passait au pied des arbres et la voix des oiselets qui étaient sur les aubiers ».

C'est à ce moment que lui parvint, par l'entremise d'un gentilhomme de Saintonge, Antoine de Pons, une coupe émaillée :

« Cette coupe, nous dit Bernard Palissy, était d'une telle beauté que dès lors j'entrai en dispute avec moi-même. »

On sait que l'émail est un cristal diversement coloré au moyen d'oxydes métalliques, et qui jouit à la fois, et d'un vif éclat, et d'une grande dureté. L'idée est venue vite de l'appliquer à l'ornementation et à la conservation tout à la fois d'ustensiles précieux et objets d'art. La seule condition, pour qu'un corps puisse être revêtu d'une couche d'émail, est qu'il soit susceptible de supporter, sans se briser en éclats ou sans entrer en fusion, la température nécessaire pour fondre l'émail. Ces corps peuvent se partager en deux classes, les kaolins et les métaux. La porcelaine, la faïence, les briques, les grès, etc., sont aptes à recevoir une couche d'émail qui prendra le nom spécial de *couverte* ou de *vernis*. Le cuivre rouge, l'argent et l'or sont, parmi les matières métalliques, les plus recherchées des émailleurs : c'est au cristal, employé par cette industrie particulière, et qui n'est réellement qu'une branche et qu'un appendice de l'orfévrerie, qu'est resté le nom générique d'émail.

D'ordinaire les émaux s'appliquaient donc plus spécialement sur des plaques de métaux autrefois employés pour la décoration artistique. De nos jours, l'émaillage est entré dans le domaine courant pour la fabrication des ustensiles de cuisine.

Les antiques émaux limousins eurent leur célébrité; devenus très rares, de nos jours, ils sont fort recherchés. On comprendra toute l'importance de l'émail pour l'application aux vases de terre. Ceux-ci, par suite de la couche protectrice qui les revêt, sont d'abord rendus imperméables; ils perdent ainsi leur qualité poreuse et, par la couleur qu'on leur donne, peuvent flatter l'œil, servir à la décoration.

Au temps de Bernard Palissy, quels étaient les vases dont on usait le plus couramment? Dans les campagnes, des écuelles de bois, des poteries grossières à travers les parois desquelles passait le liquide.

Les riches avaient des vases d'étain.

A vrai dire, on avait à diverses reprises essayé d'imiter les vases de Chine rapportés d'Orient par les voyageurs, mais ces tentatives avaient été inutiles et les produits de la manufacture de Faenza utilisant cette terre, qui porta le nom de faïence, eurent une réputation européenne. Mais les vases de cette manufacture, qui ne pouvaient s'exporter qu'à grands frais, furent longtemps considérés comme objets de luxe et, à ce titre, ne purent jamais être à la portée des masses.

Les princes, propriétaires de ces fabriques, avaient édicté la peine de mort contre toute divulgation du secret qui pouvait porter atteinte à la prospérité d'une industrie source de revenus pour leur État.

Bernard Palissy un instant songea à reprendre ses pérégrinations de jadis et à s'en aller vers cet atelier italien, afin de surprendre la fabrication de l'émail ; mais, comme il le dit pittoresquement lui-même, pouvait-il « planter là son ménage pour aller apprendre ledit art en pays étrangers » ?

Cette conviction qu'il pouvait arriver seul par lui-même à cette découverte s'étant ancrée dans son esprit, il ne douta plus qu'il ne pourrait réaliser son rêve.

« Oui, dit-il, cela sera, car je le veux ! J'ai beaucoup étudié déjà, je travaillerai plus encore et j'arriverai au but. »

Pour avoir une telle conviction, il fallait posséder une force de volonté peu ordinaire, car Palissy ne connaissait aucune notion de l'art du potier.

IV

LE CALVAIRE D'UN INVENTEUR

Si cet homme de génie avait été secondé, s'il eût possédé un entourage plutôt capable de le réconforter dans ses vues, le calvaire eût été moins douloureux ; mais la femme de Bernard Palissy n'avait point dans l'esprit assez d'élévation pour le comprendre, assez de générosité dans le cœur pour le soutenir à travers les passes pénibles que comportent les recherches de ce genre.

Or, Palissy devait apprendre à ses dépens que, faute d'une certaine communauté d'aspirations dans un ménage, le fossé se creuse, le divorce moral s'établit entre les deux époux, et il ne peut y avoir d'union heureuse.

La ménagère, malgré ses qualités réelles, ne comprit pas le chercheur obstiné qu'était devenu son époux et elle ne lui ménagea ni ses avertissements ni ses récriminations, pas même ses insultes.

Voici donc, au milieu de cette situation plutôt pénible, Palissy à l'œuvre.

Il apprend d'abord le modelage, puis l'art du potier lui-même, puis celui du mouleur.

Cela ne peut suffire : il étudie la chimie, et dans quelles conditions ! Si nous comparons aujourd'hui les éléments dont nous disposons pour de telles études à ceux que pouvaient utiliser les savants de l'époque, on recule effarés.

De fait, c'est toute la chimie qu'il lui fallait inventer; c'étaient les règles les plus élémentaires de la physique qu'il lui fallait apprendre.

Il ignorait à quelle température il pouvait obtenir la vitrification des pâtes qu'il essayait au hasard ; et enfin, allant à tâtons, d'un bout à l'autre, il construisait de pitoyables fourneaux qui ne pouvaient donner de bons résultats.

Une fois pourtant, il obtint la vitrification des substances mises au four ; mais point l'émail blanc. Un autre se fût découragé ; lui, au contraire, avoua son ignorance et de plus belle s'obstina dans ses recherches.

Cinq années d'essais constants, cinq années d'efforts inlassables, l'amenèrent à cette première solution. Sous l'action d'une chaleur intense, il put voir se recouvrir un des tessons de l'émail blanc si longtemps cherché !

« Dieu voulut, dit Palissy, qu'alors que je commençais à perdre courage, il se trouva une desdites épreuves qui fut fondue quatre heures après avoir été mise au fourneau, laquelle épreuve se trouva blanche et polie, de sorte qu'elle me causa une joie très grande. »

Ces cinq années avaient été pour lui et les siens non seulement cinq années de labeur, mais aussi cinq années de misère.

De nouveaux insuccès lui valurent la haine des siens qui l'accusaient de leur douloureuse situation, les sarcasmes des ouvriers, qui s'appliquaient à le décourager.

« Vous n'arriverez jamais à rien, lui dit l'un deux, avec toutes vos pâtes ; suivez le conseil d'un vieux, reprenez votre portraicture. »

Palissy semblait ne rien voir, ne rien entendre.

Il allait, perdu dans son rêve, pauvre génie méconnu, grand homme bafoué que l'on se montrait du doigt et qu'on traitait de fou et même d'escroc.

Il avait cru avoir atteint le but. Hélas ! il en était fort loin encore.

Le voici de nouveau à la besogne. Ainsi qu'un alchimiste qui cherche, au fond de son creuset, l'or de ses rêves, lui, penché sur son four, cherche à voir, à chaque heure, si la vitrification s'opère.

La glaçure brillante revient-elle à se montrer, il se sent transporté d'un contentement indicible.

« Je pensais être devenu une nouvelle créature ! »

Mais ces tessons, ces vases communs, ne peuvent lui suffire : il lui faut de nouvelles formes, dont la beauté convienne mieux à sa conception artistique.

Il les dessine, il les ébauche et les pétrit et les modèle avec amour, tel un ouvrier divin qui veut créer, lui aussi, de la beauté.

Et le rêve, informe d'abord, se précise, prend corps, s'accentue, apparaît dans toute sa merveilleuse gloire. Palissy est donc enfin au terme de ses misères ?

— Oh ! que nenni, point encore !

Il est animé d'une sainte ardeur, c'est vrai, mais il n'a pas l'argent si nécessaire pour continuer ses belles expériences.

Il me plaît de rappeler à ce propos une allusion à cette misère que nous trouvons dans le frontispice même de son livre. Il y a là un dessin bizarre, qui, à la réflexion, produit un effet plutôt douloureux, en raison des circonstances de la vie de Palissy que nous connaissons. Dans sa brève simplicité, la devise qui l'entoure exprime toute l'amertume de la situation de Bernard Palissy: « Povreté empesche les bons esprits de parvenir. »

On a dit, il est vrai, qu'il n'y avait là qu'une firme d'imprimeur en circulation depuis un demi-siècle, quand l'éditeur de Palissy, Barthélemy Berton, en usa après d'autres libraires pour l'ornementation de ses livres.

On se demande, en y songeant, comment il put garder l'énergie qui fut nécessaire pour résister à tant d'assauts divers.

Obligé de se faire maçon, gâcheur, homme de peine, faute d'argent, il rebâtit lui-même à nouveau son four. Les gens du voisinage qui le voyaient faire disaient :

« Voyez donc, ce maître Bernard : il a un bon état, dont il pourrait vivre à l'aise, et le voilà devenu bête de somme. »

Lui-même avoue ses efforts et sa grande détresse :

« Je me pris, dit-il, à ériger un fourneau semblable à ceux des verriers, lequel je bâtis avec un labeur indicible : car il fallait que je maçonnasse tout seul, que je détrempasse mon mortier, que je tirasse l'eau... il me fallait aussi aller quérir la brique sur mon dos, vu que je n'avais nul moyen d'entretenir un seul homme... Je fis cuire mes vaisseaux (la fabrication de ces vaisseaux (vases) lui avait pris huit mois de travail) en première cuisson. Mais, quand ce fut à la seconde, au lieu de me reposer de mes labeurs passés, il me fallut travailler l'espace de plus d'un mois, nuit et jour, pour broyer les matières desquelles j'avais fait ce beau blanc au fourneau des verriers... N'ayant rien pour couvrir mes fourneaux, j'étais toutes nuits à la merci des pluies et des vents sans aucun secours ni consolation, sinon des chats-huants qui chantaient d'un côté et des chiens qui hurlaient de l'autre. Parfois, il se levait des tempêtes qui soufflaient de telle sorte le dessus et le dessous, que j'étais contraint de quitter le tout avec perte de mon labeur..., accoutré comme un homme que l'on aurait traîné par tous les bourbiers de la ville... J'allais bricollant sans chandelle, en tombant d'un côté et d'autre, rempli de grandes tristesses... Et, en me retirant ainsi souillé et trempé, je trouvais dans ma chambre une seconde persécution pire que la première...

« Je mis le feu dans mon fourneau par deux gueules, ainsi que j'avais vu faire aux verriers. Je mis aussi mes vaisseaux dans ledit fourneau... Mais bien que je fusse six jours et six nuits devant ledit fourneau, sans cesser de brûler bois par les deux gueules, il me fut impossible de faire fondre ledit émail, et j'étais comme un homme désespéré...

« Quoique je fusse tout étourdi du travail, je m'avisai que, dans mon émail, il y avait trop peu de la matière qui devait faire fondre les autres. Je me pris à piler et broyer de ladite matière, sans toutefois laisser refroidir mon fourneau. Je fus contraint d'aller encore acheter des pots, d'autant que j'avais perdu les vaisseaux que j'avais faits. Et, ayant couvert lesdites pièces dudit émail, je les ai mises dans le fourneau continuant toujours le feu en sa grandeur ! Mais sur cela il me survint un autre malheur, qui est que le bois m'ayant failli, je fus contraint de brûler les étapes (palissades) de mon jardin, lesquelles étant brûlées, je fus contraint de brûler les tables et le plancher de ma maison, afin de faire fondre la seconde composition.

« J'étais en une telle angoisse que je ne saurais dire. J'étais tout tari et desséché par le labeur et par la chaleur du fourneau ; il y avait plus d'un mois que ma chemise n'avait séché sur moi ; encore pour me consoler, on se moquait de moi, et ceux qui me devaient secourir allaient crier par la ville que je faisais brûler le plancher ; et, par tel moyen, on me faisait perdre mon crédit et m'estimait-on être fol. »

« D'autres disaient que je cherchais à faire de la fausse monnaie.

« Et je m'en allais par les rues, tout baissé, comme un homme honteux. J'avais des dettes en plusieurs endroits. J'avais deux enfants en nourrice, et je ne pouvais payer leurs mois. Personne ne me secourait. Bien au contraire, tous se moquaient de moi en disant : « Il n'a que ce qu'il mérite, s'il meurt de faim, puisqu'il délaisse son métier. » Toutes ces réflexions m'arrivaient aux oreilles quand je passais par la rue. Toutefois, il me restait un espoir : les dernières pièces s'étaient assez bien comportées, et je comptais en savoir bientôt assez pour gagner ma vie. J'en étais, hélas ! encore bien éloigné. »

On frémit quand on songe à cet admirable héroïsme ; toute autre volonté que celle de Palissy eût été brisée en telle circonstance. Écoutons-le raisonner son cas.

« Quand je me fus reposé un peu de temps avec regrets de ce que nul n'avait pitié de moi, je dis à mon âme, qu'est-ce qui te rend triste, puisque tu as trouvé ce que tu cherchais ? Mais mon esprit disait d'autre part, tu n'as rien de quoi poursuivre ton affaire ; comment pourras-tu nourrir ta famille et acheter les choses requises pour passer le temps de quatre ou cinq mois qu'il faut auparavant que tu puisses jouir de ton labeur ? »

On le voit, l'espoir était invincible chez le bon ouvrier. Pourtant que d'avatars encore !

Il a réussi son enduit, la couleur en est bonne, il a pleine confiance cette fois, quand, soudain, les cailloux du mortier qui a servi à façonner le four ont éclaté ; l'émail, qui venait bien, s'est trouvé de ce fait constellé d'inscrustation et toutes les épreuves sont perdues sans retour.

Une autre fois, c'est la cendre des bois qui a volé au moment de la fusion et terni les figulines.

Enfin, sans crédit, sans pain, le voici devant sa dernière fournée, son espoir suprême, sa dernière planche de salut.

Le feu, si nécessaire, soudain pâlit, la chaleur faiblit ; une fois de plus va-t-il voir s'éteindre cette ultime flamme ? Il faudrait au brasier insatiable, un nouvel aliment. Les arbres de son jardin, ces arbres qu'il avait lui-même plantés sont brûlés, brûlés les meubles de sa chambre, brûlés les objets en bois de sa maison.

L'heure est solennelle. Alors, avec sa hache, brisant les dernières planches du parquet, arrachant les poutres de la charpente, enlevant contrevents et croisées, portes et portinets, il jette cette dernière ressource dans le foyer.

Sa femme hurle des imprécations, ses enfants pleurent, les voisins s'ameutent.

« C'est un fou qu'il faut maîtriser ! clament les moins enragés. Les autres braves gens ne parlent rien moins que de le pendre haut et court.

Lui, hypnotisé, poursuit son labeur, sourd à ces folles clameurs, à ces invectives, cherchant « toujours à passer plus outre. »

Enfin, la réussite est certaine et, du four, de ses manchons, il retire cette fois de beaux vases émaillés.

Les insultes se taisent ; on s'entasse, on s'apaise, on loue la sublime folie du génial ouvrier ; on l'acclame. Personne plus ne doute, personne ne veut avoir douté, les créanciers eux-mêmes s'attendrissent. Les premières poteries émaillées l'aident, lentement il est vrai, à se refaire, à remonter sa maison tombée en ruines.

L'homme aussi semblait n'être lui-même qu'une ruine humaine. Il faut l'entendre avouer sa misère physique :

« J'étais, nous dit-il dans son style naïf, si fort écoulé en ma personne qu'il n'y avait aucune forme ou apparence de bosse aux bras ni aux jambes ; ainsi étaient mes dites jambes toutes d'une venue, de sorte que les liens de quoi j'attachais mes bas de chausses étaient soudain que je cheminais, sur les talons avec mes chausses. »

Et, aux curieux qui venaient admirer ses premiers essais, le bon ouvrier souriait, ne laissant pas percer le tourment de son âme d'artiste avide de plus de beauté encore. Maintenant, il ne lui suffisait plus d'émailler des pots : Il rêvait quelque chose de mieux dans l'art céramique.

Afin de réaliser ses « *figulines rustiques* », comme il appelait ses faïences, pour la composition desquelles il recourait aux choses de la nature : animaux, coquillages, plantes, poissons, il observe, il cherche, il combine et réalise de vrais petits poèmes.

Qui n'a été frappé par le sentiment profond de la nature qu'après des siècles on admire jusque dans ses beaux lézards émeraude dont la queue affecte si naturellement toutes les souplesses.

Pour aboutir à ces inimitables chefs-d'œuvre, Palissy avait employé seize années de sa vie, seize années de belle vaillance, seize années d'un martyre à nul autre pareil.

Plat exécuté par Bernard Palissy.

Touchait-il enfin au terme de ses tourments, ce brave Bernard qui tant de fois fut à la peine ?

Non, car le protestantisme venait d'apparaître en Saintonge. C'était à la veille des grandes luttes religieuses. Bientôt, en France, les Français s'entretuaient.

Converti par un fougueux disciple de Calvin venu de Genève, Hamelin, dont la vie toute de droiture, d'austérité et de dévouement à ceux qui souffraient, la conviction puissante, l'entraînèrent dans le groupe calviniste de Saintonge, Palissy ne recula point devant la persécution, bien qu'il avoue :

« Je me retirai secrètement en ma maison pour ne pas voir les meurtres, reniements et détroussements qui se faisaient dans ces lieux champêtres. »

Quand le parti catholique devint maître de la Saintonge, il fut l'objet de poursuites, et bien que les chefs des deux partis protégeassent le grand potier, car le connétable Anne de Montmorency lui avait commandé d'importants travaux, tout en déclarant lieu de franchise l'atelier où s'élaborait la grotte émaillée des jardins d'Ecouen, les ennemis religieux et personnels de Bernard Palissy, ceux qui ne pouvaient lui pardonner d'avoir fourni asile aux prédicants, le firent arrêter dans la nuit.

Conduit à Bordeaux par des chemins détournés, il fut jeté dans un cul de basse-fosse, et il serait certainement monté sur le bûcher si le connétable Anne de Montmorency n'était intervenu.

Il usa d'un subterfuge, et donnant à Palissy le titre d' « Inventeur des rustiques figulines du Roy et de la Reine sa mère », il le réclama au nom de ces derniers et l'arracha ainsi aux rigueurs d'un tribunal qui se montrait très dur pour l'hérésie.

Après avoir été chercher, depuis sa délibération, un peu de paix à la Rochelle, Palissy, appelé à Paris pour les travaux d'art des jardins des Tuileries, s'y rend, en 1567, après s'être rencontré avec la cour tant à la Rochelle qu'à Saintes.

Je me retirai secrètement pour ne pas voir massacrer.

V

LA SUITE ET LA FIN D'UNE VIE BIEN REMPLIE

Voici Bernard Palissy à Paris. Logé d'abord dans le faubourg Saint-Honoré, il y devait mener une existence fort médiocre pendant tout le règne de Charles IX.

En effet, en 1572, les habitants de Paris, riches et pauvres, furent taxés au prorata de leurs moyens supposés, depuis deux sous jusqu'à 300 livres tournois. Ce premier essai d'impôt, sinon sur le revenu, du moins d'après le revenu, est assez curieux à noter aujourd'hui. Il est un fait, c'est que Bernard Palissy fut taxé à cent sous parisis, ce qui suppose une situation fort précaire. Citons, en effet, la taxe d'Ambroise Paré, 120 livres, et celle du chroniqueur Pierre de l'Estoile, qui fournit sur son époque une documentation précieuse, 100 livres.

Donc, Bernard Palissy n'eut tout d'abord ni la gloire ni la fortune qu'il eût été en droit d'attendre. La cour, aux prises avec les différents partis, n'avait point les loisirs de s'occuper des *figulines rustiques* du grand potier, et Bernard avait vu avec chagrin périr au cours de ces luttes fratricides qui désolaient la France, son protecteur et ami le connétable de Montmorency.

Charles IX.

Comment Bernard de Palissy échappa-t-il au massacre de la Saint-Barthélemy ?

Beaucoup d'historiens prétendent que, n'ayant point d'occupation dans Paris, au milieu des préoccupations politiques de ce moment, il s'était réfugié dans les Ardennes, où Robert de la Mark, maître de Sedan, offrait aux protestants asile. D'autres racontent qu'une fois de plus la protection de Catherine de Médicis lui fut précieuse et qu'il put ainsi éviter la mort, dans l'horreur de cette nuit affreuse, de la même manière qu'Ambroise Paré.

Un peu de calme ayant succédé à la sanglante tragédie du 24 août, nous retrouvons maître Bernard à Paris. Le philosophe a vu de près cette fureur en quelque sorte monstrueuse de la foule ; il a eu vite fait d'y découvrir cette vérité que si le peuple devient souvent haineux et cruel, c'est que trop souvent il est le jouet de son ignorance. Mieux instruit, ne serait-il pas meilleur ?

Ainsi raisonne Bernard Palissy, tandis que sa main ébauche une de ces rustiques figulines qui excitent l'admiration générale. Sous l'influence de la Renaissance italienne, c'est maintenant des corps de nymphes, des torses et des têtes de dieux qu'il modèle sur ses plateaux.

Mais il n'y peut plus mettre l'expression la plus exacte et la plus nette de sa naïve personnalité artistique, comme au temps où il demandait à la nature seule l'inspiration de son art. Alors, rassuré sur le sort de sa découverte, rassuré sur la portée de son effort, tranquille désormais, ayant pour l'aider dans son travail ses deux grands fils, il songe à vaincre l'ignorance qui l'environne ; l'artiste se fait professeur.

Catherine de Médicis.

Il ouvre des cours du soir. Riche de connaissances et d'idées acquises expérimentalement, il s'appliqua à faire la démonstration de ses théories. Il crut avoir à dire des choses neuves et utiles, et son audace fut jugée très grande ; mais lui, sans s'inquiéter davantage, pensait et écrivait quand même :

« Une découverte venant d'un ignorant n'a pas moins de vertu que si elle était tirée d'un homme éloquent, et j'aime mieux, après tout, dire la vérité en mon rustique langage que mensonge en un langage de rhétorique. »

C'est en mars 1575 qu'il avait commencé cette série de conférences publiques où, chose nouvelle et qui devait fort inquiéter les vieux maîtres de la scholastique, il provoquait si volontiers les objections des auditeurs, s'inquiétant peu de porter atteinte à son prestige de professeur et se souciant plutôt de l'intérêt de la science.

« Le nombre prodigieux d'idées qu'il avait remuées, dit l'un de ses historiographes M. Audiat, la nouveauté des aperçus, l'importance des points touchés, cette fermeté de raison qui s'en rapportait pour les faits naturels à l'expérience, et à l'expérience seule, cette parole nette et imagée, si poétique par moments, durent, dit M. Audiat, faire une vive impression sur les auditeurs. Tout cela retint ceux que la curiosité avait pu amener : on ne tarda pas à voir dans le professeur, non un simple potier qui pérorait, mais un profond philosophe qui savait beaucoup, et pouvait beaucoup apprendre. »

Bernard Palissy, dans son cours, fit encore de l'enseignement expérimental. Il accompagnait ses causeries d'expériences, il les appuyait d'explorations dans les cavernes, dans les carrières de Montmartre, dans les tuileries de Chaillot ou de Chantilly, et les disciples se pressaient autour de ce vieillard ; les ouvriers venaient vers cet ouvrier qui s'efforçait de leur donner à son déclin le fruit de ses années de labeur, de misère et de douleur.

Le massacre du 24 août.

Mais dans ces temps troublés, il était écrit que de si courageux efforts finiraient par se perdre.

Henri III, le fils de Catherine, ne sait guère régner. L'anarchie qui domine Paris fait se dresser à tous les coins de rue des barricades.

Près de la maison de Bernard Palissy, l'une d'elles était gardée par un ennemi personnel du pauvre grand homme, un des *Seize*, Mathieu de Launay, ancien ministre réformé dont la vie passée était faite de scandales et qui croyait, par un zèle ignoble, faire oublier ses crimes. Ce misérable excita la foule contre maître Bernard. Le pauvre grand homme était trop âgé pour s'enfuir cette fois.

Il fut arrêté et jeté à la Bastille, le duc de Mayenne ayant dû en user ainsi pour éviter momentanément le supplice que la populace, guidée par de Launay, réclamait à grands cris.

Henri III aurait pu sauver son artiste ; il alla le voir à la Bastille, dans son cachot. D'Aubigné raconte ainsi dans sa Confession de Sancy l'entrevue :

« Le roi voudrait obtenir du prisonnier sa conversion et il lui déclare net qu'il ne peut plus rien pour le sauver de la fureur de ses ennemis.

« — Mon bonhomme, lui dit-il, il y a quarante-cinq ans que vous êtes au service de ma mère et de moi ; nous avons enduré que vous ayez vécu dans votre religion parmi les feux et les massacres. Maintenant, je suis tellement pressé par ceux des Guises et par mon peuple, que je me vois contraint de vous livrer entre les mains de mes ennemis, et que demain vous serez brûlé si vous ne vous convertissez.

« Le noble vieillard répondit à cette étrange ouverture :

Henri III.

« — Sire, je suis prêt à donner mon reste de vie pour l'honneur de Dieu. Vous m'avez plusieurs fois dit que vous aviez pitié de moi, et moi, j'ai pitié à mon tour de vous, qui avez prononcé ces mots : « Je suis contraint ! » Ce n'est pas là parler en roi, Sire ! et ce sont paroles que ni vous, ni les Guises, ni votre peuple, ne pourront jamais me faire prononcer : je sais mourir... »

Bernard Palissy resta donc à la Bastille. Il y mourut pendant le siège de Paris. Pierre de l'Estoille, grand audiencier de la Chancellerie, qui tenait un journal de tout ce qui se passait à Paris, écrivit à la date de 1590 :

« En ce mesme an, mourust, aux cachots de la Bastille de Bussi, maître Bernard Palissy, prisonnier pour la religion, aagé de 80 ans ; et mourust de misère, nécessité et mauvais traitements : et avec lui trois autres pauvres femmes détenues prisonnières pour la mesme cause de religion, que la faim et la vermine étranglèrent.

« Ce bon homme en mourant me laissa une pierre qu'il appeloit sa pierre philosophalte, qu'il asseuroit estre une teste de mort que la longueur du temps avoit convertie en pierre, avec une autre qui lui servoit à travailler en ses ouvrages : lesquelles deux pierres sont en mon cabinet, que j'aime et garde soigneusement en mémoire de ce bon vieillard que j'ai aimé et soulagé en sa nécessité, non comme j'eusse voulu, mais comme j'ai peu.

« La tante de ce bon homme qui m'apporta les dites pierres, y étant retournée le lendemain voir comme il

Soldat du temps de la Ligue.

se portait, trouva qu'il était mort, et lui dit Bussi que si elle le voulait voir, elle le trouverait avec les chiens sur le rempart, où il l'avait fait traîner comme un chien qu'il estoit. »

« Ainsi, dit Anatole France, finit cette vie si pure, si pleine et si grave.

« Nous admirons trop Palissy pour le plaindre : on ne plaint point les martyrs.

« Bernard Palissy vécut comme un bon ouvrier, il mourut comme un saint. Peut-on mieux vivre et mieux mourir ? Quelque idée qu'on se fasse de ce qui est bon et beau, il faut se dire que la vie la meilleure est celle dans laquelle les plus grandes énergies furent pleinement exercées. A ce compte, la vie de Bernard Palissy, écoulée dans la pauvreté et achevée dans l'humiliation et les supplices, mais pleine d'œuvres, fut une belle, une heureuse vie. »

DEUXIÈME PARTIE

LA DÉCOUVERTE DE LA FORCE DE LA VAPEUR

I

DENIS PAPIN

LES PÉRÉGRINATIONS D'UN SAVANT

Nous jouissons, un peu en égoïstes, d'une foule de bienfaits de la civilisation, sans songer un seul instant aux efforts humains qui nous les ont valus.

Quel est, par exemple, l'écolier qui, voyageant, commodément emporté par une de ces locomotives rapides, pense à l'époque, pas très lointaine cependant, où les coches circulaient avec toutes les peines du monde sur les routes de France ? Quel est celui qui songe encore à Denis Papin, dont le nom figure pourtant sur son histoire de France comme l'inventeur, non pas de la vapeur puisque celle-ci de tout temps exista, mais de l'application de cette grande force naturelle à la mécanique ?

Et cependant, sans l'obstination de ce pauvre homme, nous ne voyagerions peut-être pas encore aussi facilement que nous le faisons et, les moyens de communication étant moins rapides, nos idées, notre bien-être, n'auraient pas bénéficié des bienfaits dont nous jouissons.

Depuis les origines, les hommes ont toujours recherché les moyens de diminuer le temps employé à parcourir les plus grandes distances. Ce problème qui a passionné les grands chercheurs de l'humanité a réalisé déjà quelques merveilles en matière de locomotion et surtout de correspondance. Et chaque année, chaque jour, ajoutent encore aux récentes découvertes.

Songez un peu, mes amis, que l'auteur de ces feuillets n'a pas oublié l'émotion causée dans son village par l'installation de la première ligne télégraphique qui venait, il y a peut-être trente-six à trente-sept ans, révolutionner tout un coin perdu de France. Depuis, ce même petit village, qui était fort en retard, a eu son téléphone, sa voie ferrée, la lumière électrique, etc., etc.

Il fallait voir alors de très vieux paysans ignorants hocher silencieusement la tête devant ces *diableries* qui bouleversaient leur ordinaire conception de la vie. Que diraient-ils donc, ceux-là, morts déjà depuis longtemps, si, rappelés à la vie, on leur faisait assister à quelques-unes de ces représentations cinématographiques qui font la joie des grands et des petits, s'ils pouvaient comprendre que, sans fil aucun, désormais on transmet les nouvelles, le plus facilement du monde, aussi vite que la pensée et à des distances très grandes, que la télégraphie a franchi une nouvelle étape et que la vie s'accélère en quelque sorte, qu'on vit peut-être mieux avec une intensité plus grande ?

Mais, de ces bienfaits, nous sommes redevables à tous les vaillants du temps jadis, à tous ces lutteurs infatigables qui s'attaquèrent à la matière pour la dompter et qui, héros souvent méconnus, n'en tombèrent pas moins glorieux sur ces champs de bataille dont on parle peu, parce qu'on n'en connaît pas assez la grandeur.

J'ai dit que, de tout temps, se posa le problème d'une force motrice capable de supprimer, en mécanique, l'effort humain et même l'effort animal.

Un grand physicien et astronome hollandais, Huyghens, avait conçu l'idée d'une machine motrice basée sur les principes suivants :

1° Si l'on fait brûler de la poudre à canon, une explosion produite par la dilatation des gaz sous l'influence de la chaleur peut déterminer un mouvement. Il serait possible de laisser échapper ces gaz au dehors par une soupape ménagée à cet effet dans un cylindre où pourrait se mouvoir un piston. De la sorte, la pression atmosphérique, n'ayant plus de contrepoids, pousserait le piston jusqu'au fond du cylindre.

« En conséquence, disait Huyghens, si l'on attachait à ce piston une chaîne ou une corde s'enroulant sur une poulie et chargée d'un poids à son autre extrémité, la chute du piston ferait nécessairement monter le poids. »

Certainement, en théorie, la chose était possible ; mais, dans la pratique, il fallait tenir compte de ce fait, démontré depuis par l'expérience, à savoir que la raréfaction de l'air, produite par l'explosion de la poudre sous le piston, était insuffisante pour produire un effet mécanique suffisant. Donc, si le principe était excellent (et il l'était, puisque c'est encore sur la force d'explosion des gaz que repose tout le système moteur de nos automobiles), en l'espèce, l'agent moteur employé par Huyghens ne valait rien. Il fallait trouver autre chose. Ce fut un de ses disciples, Denis Papin, qui devait appliquer au principe, clairement mis en **lumière par le maître hollandais, la force de la vapeur.**

**
* **

Le 22 août 1645, un médecin de Blois, M. Papin, comme on l'appelait en ville, eut un fils qu'il appela Denis. Bien que pas très riche, il s'appliqua à faire donner à son enfant une instruction solide, désirant lui voir un jour prendre sa succession.

C'est à Angers que Denis Papin, ayant fait ses études médicales, prit le grade de docteur ; mais le désir de perfectionner son instruction le poussa vers Paris, où l'un de ses anciens maîtres l'adressa à Huyghens, pour lequel il devint un précieux collaborateur. Là, le jeune Papin rencontra Leibnitz avec qui, pendant de longues années, il échangea une correspondance assez suivie.

Mais le vaillant étudiant, qui venait de publier déjà une étude assez sérieuse sur la première machine pneumatique, se vit dans l'obligation de quitter son pays. L'absolutisme de Louis XIV qui se formulait ainsi : « Un roi, une foi, une loi », poursuivait les protestants de ses vexations, et Denis Papin, comme tous les Papin de Blois, était protestant.

Il jugea prudent de se sauver en Angleterre pour échapper aux persécutions dont la révocation de l'édit de Nantes devait être le couronnement.

Ainsi cet acte impolitique devait éloigner de notre pays une foule de gens qui auraient pu, sous un autre régime, travailler, en toute sécurité, pour le développement de la science et la grandeur de la patrie!

Si Papin fût resté, peut-être, comme nombre de ses contemporains, pas plus coupables que lui, eût-il été appelé à souffrir de l'injustice officielle des hommes. On en vit d'autres qui, sans motif valable, furent exposés à la dérision des foules, et, dans ces temps de trouble, en plus d'une ville de province, la question et le pilori eurent de beaux jours.

A Londres, Papin fut vite apprécié dans le monde des savants. Boyle, devenu son ami, lui fit obtenir les fonctions de préparateur à la Société royale.

En 1681, il publiait la description de sa *marmite autoclave* que, depuis, on a appelée marmite de Papin. Celle-ci est un appareil basé sur cette observation qu'à une température très élevée la vapeur amollit et dissout les os, ce qui permet d'en extraire la gélatine et d'en composer des bouillons, des gelées, etc., à très bas prix. Il est bien entendu que la marmite en fonte devait être hermétiquement close. Au début, elle l'était bien ; mais la force explosive de la vapeur ayant à plusieurs reprises fait éclater la machine, Denis Papin se vit obligé d'obvier à ce grave inconvénient par le moyen suivant : il fit percer d'un trou le couvercle de la marmite, puis il fit couvrir cette ouverture au moyen d'une mince feuille métallique que la vapeur, parvenue à sa plus haute tension, fait soulever pour s'ouvrir un passage. Ce fut l'origine de la soupape de sûreté.

Denis Papin voyagea pendant un certain temps. On retrouve des traces de son passage en Italie, de 1682 à 1684; il est certain qu'il s'arrêta à Paris, l'année de la révocation de l'édit de Nantes, 1685.

De retour à Londres, Denis Papin reprit ses chères études. Ses divers travaux portèrent sur la puissance de l'air. Tour à tour, il exposa, dans les *Transactions* de la Société royale, les principes et les applications de ses diverses inventions : un siphon, une canne à vent, une nouvelle pompe à eau élévatoire.

C'est à ce moment, en 1687, que sa réputation de savant s'étant répandue au loin, le landgrave Robert de Hesse-Cassel, prince animé des meilleures intentions, mais d'humeur assez versatile, lui fit offrir la chaire de professeur de mathématiques, avec de superbes appointements, à l'Université de Marbourg.

Papin avait, dans les États de ce prince, de nombreux parents et amis qui s'étaient réfugiés là après la révocation de l'édit de Nantes. Il y avait surtout, comme attrait principal, certaine cousine non dépourvue de charmes, paraît-il, puisqu'elle devait devenir sa femme. Il partit donc, lâchant la *proie*, c'est-à-dire la position stable qu'il avait à Londres, pour l'ombre qui lui était offerte à Marbourg, car c'était vraiment une ombre que cette merveilleuse chaire de mathématiques de Marbourg.

Le landgrave de Hesse-Cassel était un personnage lunatique qui ne tarda pas à oublier ses belles promesses, si bien que Papin ne tarda pas à connaître la gêne et même la misère.

Au milieu de ces tiraillements, cependant, le savant poursuivait son labeur obstiné et ses recherches. En 1690, il publiait un mémoire sur une *Nouvelle manière de produire à peu de frais des forces motrices inconnues.*

Arago, rappelant ce mémoire dans lequel « il donnait la description de la machine à feu appelée aujourd'hui machine atmosphérique », ajoute :

« Avant Papin, on avait eu quelque idée de la force de l'air et de l'eau dilatés par la chaleur ; mais nulle tentative n'avait été faite pour donner à cette force connue une application utile... Papin est le premier qui ait songé à combiner, dans une même machine à feu, l'action de la force élastique de la vapeur avec cette propriété dont la vapeur jouit, et qu'il a signalée, de se condenser par le refroidissement. »

Dans ce mémoire, outre la théorie, la description de l'appareil, on trouve encore le dessin de cette machine, laquelle, selon l'inventeur, peut s'appliquer « à tirer l'eau des mines, *ramer contre le vent*, lancer des bombes et à plusieurs autres usages de cette sorte ».

On le voit, la pensée de Papin, malgré les misères qu'il devait endurer, s'obstinait dans les applications pratiques. Papin, en effet, avait déjà offert, quelques

Papin tavaillait aux plans d'une pompe élévatoire pour le château de Wilhelmshœhe en construction.

années auparavant, à la Société royale de réaliser la machine ainsi décrite. Il avait même présenté un modèle miniature pour la propulsion des navires.

Pour réaliser son idée, le pauvre savant ne demandait pas grand'chose : de nos jours on rirait en songeant aux 15 livres, à peine 375 francs que lui refusa la Société royale, alléguant qu'elle était bien trop pauvre pour se permettre une telle libéralité. C'est alors que Papin se mit à l'œuvre ; sans l'aide de personne, il essaya de faire construire, à ses frais, la fameuse machine. Il y travailla, le plus souvent seul, n'ayant pas l'argent nécessaire pour payer ses ouvriers.

Appelé, en 1695, à Cassel même par le landgrave qui l'attacha à sa personne, sous l'influence capricieuse de son prince, Papin commença divers travaux fort importants : pompe pour extraire, par l'évaporation de l'eau salée, le sel des étangs ou des salines, grande pompe élévatoire destinée à élever les eaux de la Fulda jusqu'au château de Wilhelmshœhe, aujourd'hui célèbre, mais alors encore dans sa période de construction.

Cette première machine fut enlevée par une débâcle de glaces, et une seconde, qui nécessita des sommes considérables, ne fut jamais achevée par suite d'une fantaisie du landgrave.

Cependant, depuis le moment où il avait constaté la

force de la vapeur, Papin n'avait jamais cessé de penser à l'application de cette force.

Son premier essai fut un modèle de chambre. Il construisit, en 1698, une sorte de chariot miniature que la vapeur mettait en mouvement.

C'était évidemment le type primordial de la locomotive, et rien n'est plus curieux que de s'imaginer ce véhicule-jouet qui devient dès ce moment, en quelque sorte, le point de départ d'une série d'inventions qui vont révolutionner le monde. Nous entrons en plein dans la série des grandes expériences qui ouvriront des horizons nouveaux aux chercheurs de tout l'univers.

*
* *

Dès 1704, Denis Papin, s'efforçant d'entrer résolument dans le domaine des réalités, essayait d'appliquer à la navigation la force motrice de la vapeur.

Il avait construit un bateau à rames : celles-ci étaient fixées aux deux extrémités d'un arbre transversal mis en mouvement par des roues, lesquelles étaient d'abord mues par la vapeur.

Il lui fallut des années pour parvenir à un demi-résultat avec un appareil absolument primitif. La grande ambition de Papin était d'arriver à pouvoir ramer contre le vent et les courants ; la chose était moins aisée qu'il n'y paraît.

Nous voici à l'année 1707 : ici se produit un incident particulier, un de ces faits en apparence de peu d'importance et pouvant cependant avoir une répercussion très grande sur la suite des travaux du savant.

Dans son programme d'études quasi-officiel établi pour le landgrave de Cassel, Papin avait inscrit un chapitre concernant le lancement des bombes.

Il avait réussi à construire un canon d'un système spécial.

L'expérience publique, à laquelle devait présider le landgrave, devait avoir lieu non loin des remparts de la ville, contre lesquels devait être braquée la fameuse machine à feu. Celle-ci était déjà prête et l'on n'attendait plus que le prince.

A l'heure dite, point de landgrave : les minutes lentement se suivent, et pas de personnage officiel en vue. C'est une véritable gageure. La foule, lasse d'attendre, commence à protester : les heures passent, la nuit approche.

Papin, après des hésitations, se rend au désir du public ; mais il est trop tard : la machine surchauffée, un peu abandonnée à elle-même, sinon même malmenée dans l'énervement de l'attente, éclate tout à coup, renversant tout sur son passage, semant, dans son explosion, autour d'elle, des cadavres de pauvres gens : spectateurs ou ouvriers.

Papin éprouva à cette vue une douleur infinie. Honteux pour cet échec qui l'atteignait dans sa dignité de savant, dans sa confiance d'inventeur, fou de douleur et de colère, il résolut d'abandonner au plus vite ce pays et ce prince léger qui lui valaient de si cruels mécomptes.

Il n'était pas, hélas ! au bout de ses peines. D'autres épreuves plus cruelles l'attendaient bientôt.

Un désir violent de réparer cet échec du canon s'empara de lui ; il souhaitait ardemment prendre sa revanche et prouver aux habitants de Cassel qu'il n'avait point échoué par sa faute.

Donc, le 24 septembre de cette même année 1707, Papin s'embarqua avec toute sa famille à bord de ce fameux bateau à rames et à vapeur qu'il avait si péniblement construit.

C'était la première fois qu'une nef de ce genre pouvait naviguer ainsi sur un cours d'eau quelconque.

Au grand étonnement des Casselois, il descendit sans encombre la Fulda jusqu'à son confluent avec la Wera, après Munden, dans le Hanovre.

On sait que la réunion de ces deux cours d'eau, la Wera et la Fulda, forme le Weser.

Des biographes de Papin croient pouvoir affirmer que Papin comptait avec son bateau se rendre en Angleterre.

C'était plus que de la témérité pour l'époque, c'était de la folie, et s'il eût pu réaliser du coup cette haute entreprise, il est certain que Papin n'eût pas vu son nom dans le martyrologe, trop long, hélas! de ceux qui jalonnèrent de leur calvaire la voie du Progrès. L'arrivée à Munden fut, comme vous pouvez penser, un gros, très gros événement.

Vous imaginez-vous, à plus de deux cents ans de distance, l'arrivée de ce bateau sans voiles, sans rames ni rameurs, et qui lançait de la fumée continuellement par une cheminée. Il y avait là de quoi ébahir des gens moins simples que les mariniers de Munden.

Il existait précisément, en cet endroit, une corporation puissante de bateliers qui vivaient surtout du fleuve. Cette corporation avait ses privilèges et ses prérogatives dont elle se montrait fort jalouse. L'un de ceux-ci, qui remontait à des temps déjà lointains, assurait par des lettres patentes aux gens de céans, membres de ladite corporation, la faveur exclusive de naviguer sur le fleuve du Weser.

Echappés à l'ahurissement de la première heure, les bateliers du Weser jugèrent à propos de se concerter. Ce bateau qui, dans sa manœuvre, pouvait se passer de leurs bras, n'était-il pas un signe fâcheux de temps nouveaux pour des travailleurs comme eux.

Ils virent donc tout de suite, dans le bateau de Papin, une concurrence menaçante pour l'industrie batelière, et le résultat de leurs délibérations fut qu'il fallait écarter sans délai un tel danger de ruine.

Donc, armés de leurs anciens statuts, ils allèrent trouver Papin et, très énergiquement, lui défendirent de naviguer plus longtemps sur le fleuve, leur fleuve à eux, comme ils disaient.

Le plus patient et le plus résigné des hommes n'aurait pu ne pas s'indigner de cet arbitraire inique.

Denis Papin, outré, protesta hautement.

Mais que peut un homme sans ressources pécuniaires contre l'ignorance, la force brutale des foules, l'iniquité des grands ? Nous avons vu déjà Palissy aux prises avec toutes ces forces mauvaises coalisées contre lui : c'est le sort de tous les novateurs, de tous les inventeurs de voir se dresser contre eux, à l'heure où ils espéraient avoir atteint le but rêvé, les haines des obscurs et des médiocres, des exploiteurs et des maîtres dominateurs qui se liguent contre le génie vainqueur.

Papin allait, après tant d'autres misères, connaître cette détresse suprême de l'impuissance finale du bien devant le mal qui jamais ne désarme.

S'il eût été riche, peut-être qu'en semant un peu d'or parmi ces marins, il fût venu à bout de cette opposition terrible qui brisait en lui tout espoir ; mais Denis Papin était pauvre, et il eut beau s'ingénier à persuader ces hommes de la pureté de ses intentions, ils ne le comprirent point et ne voulurent en aucune façon le comprendre.

Après deux jours de discussions qui n'aboutirent à rien de bon, les mariniers résolurent de passer des menaces aux voies de fait.

Ils vinrent, nombreux, s'attaquer au malheureux bateau objet de leur haine. Toute la population suivait des yeux cet assaut d'un nouveau genre.

De force, ils tirèrent l'esquif et sa diabolique machine sur le rivage. Ils obligèrent brutalement Papin, sa femme et ses enfants à quitter leur abri, et, tandis que ces pauvres êtres se lamentaient, impuissants, les misérables, armés de haches, dans un accès de rage furieuse, se mirent à démolir ce qui avait coûté tant d'études, tant de travaux et tant de peines à Papin lui-même.

Tout fut brisé, tout fut saccagé par les insensés qui ne laissèrent pas la moindre pièce dont on eût pu tirer quelque parti.

Si grande que soit l'énergie d'un homme quand il est la victime de telles ignominies, il ne peut que se sentir presque fini, à jamais dégoûté de l'effort.

Cette affaire du Weser fut le plus terrible des coups que Papin eut jamais eu à souffrir. Exilé injustement de son pays, bafoué par un seigneur sans caractère, appauvri par son labeur lui-même, il avait mille et une raisons pour trouver la vie bien amère.

Il ne devait pas se relever du chagrin que lui avait causé la dernière aventure. Avec son bateau, avec sa machine, on avait brisé chez l'inventeur tout un monde d'espoirs légitimes qu'il portait en lui.

Il s'enfuit avec les siens de cette Allemagne qui lui avait été si peu hospitalière et retourna en Angleterre où de vieux et fidèles amis le firent à nouveau rentrer comme préparateur à la Société royale.

Il reprenait donc ses premières fonctions; mais l'illustre savant, qui n'avait jamais rien eu d'un rêveur exalté, avait perdu ce qui avait été la grande force de sa vie : l'espoir d'aboutir à un résultat pratique, le désir de doter l'humanité d'une force nouvelle susceptible de hâter la marche du Progrès.

Hélas ! ce grand homme, qui eût mérité les honneurs et l'admiration de tous ses contemporains, acheva dans la misère ses jours. Lui, qui avait été l'initiateur des grandes choses dont le monde devait un jour profiter, eut besoin de la pitié de quelques intimes pour gagner encore le pain de ses dernières années.

En 1714, s'éteignit cette rude existence faite de travail et de peines, de tourments et de déceptions, de science et de misère.

Enfants, qui jouissez inconsciemment des bienfaits

de la découverte de Papin, songez parfois à cet illustre savant qui fut si durement traité par la destinée. Mesurez aujourd'hui par le nombre des applications de cette force si grande, la distance qui nous sépare de ces temps relativement peu éloignés cependant de notre époque.

Enfants, pensez un peu à ce que nous serions peut-être si Papin n'eût point cherché toute sa vie à résoudre ce problème, avec une obstination, une intelligence et une patience dignes d'un meilleur sort.

Voulez-vous, enfants, mieux vous rendre compte des transformations que nous devons aux efforts de Papin ? Reportons simplement nos regards sur les moyens de transport en commun, en usage au XVIIe et au XVIIIe siècle.

Paul Lacroix nous apprend que les carrosses, du temps de Louis XIV, ceux qui étaient utilisés pour les grands voyages, étaient en bois chevillé de fer à quatre roues et à brancards, longs de sept pieds et larges de cinq. « Les voyageurs étaient assis au pourtour sur les deux sièges du fond, ainsi que sur ceux placés contre les portières. Ces portières ne pouvaient s'ouvrir qu'autant que les sièges étaient relevés ; elles n'étaient pas garnies de glaces, comme les voitures de villes ; mais avec des rideaux de cuir on se garantissait tant bien que mal du vent, de la poussière ou de la pluie.

On surchargeait tellement de bagages, de malles et de portemanteaux le dessus des carrosses de voiture, qu'il ne fallait pas moins de huit chevaux pour les faire avancer dans les mauvais chemins. »

Voici du reste comment en parle le poète Sarrazin :

> Sur deux ais ensemble cloués
> Qui de soupentes ont la forme,
> Qu'on s'imagine un coffre énorme
> Dont deux des côtés sont troués.
> D'une peau noire et grimacière
> Le dehors en est tapissé ;
> Le dedans l'est de drap percé
> De vers par mainte fourmilière.
> A chacun des côtés haussés,
> Deux cuirs y servent de portière ;
> De deux grands paniers défoncés
> Sont garnis devant et derrière.
> Et, par deux manants houspillés,
> Huit vieux chevaux estropiés,
> A figure mélancolique,
> Qui pour squelettes employés
> Au cabinet anatomique
> Devraient plutôt être envoyés,
> Tirent, à pas multipliés,
> Cette voiture léthargique.

Ces véhicules contemporains de Papin mettaient, en ce temps-là, 438 heures pour aller de Paris à Nice et 97 heures de Paris au Havre, 358 heures de Bayonne à Paris. Aujourd'hui, un rapide à toutes classes met entre ces deux dernières villes à peine 11 heures, et le trajet s'effectue avec une vitesse 32 fois plus grande.

Lisez encore ce qu'écrivait sur le coche de Lyon un écrivain, M. de Foville.

« Sous Louis XV, le coche qui allait de Paris à Lyon se composait d'une caisse de voiture, éclairée sur chaque face par trois espèces de meurtrières, et suspendue à l'aide de soupentes, sur un train qui portait à l'avant le cocher, à l'arrière les bagages. Douze personnes s'entassaient bon gré, mal gré, dans cette boîte, et fouette cocher ! Cinq jours en été, six jours en hiver suffisaient désormais, grâce aux travaux de voirie établis par Colbert, pour arriver de Paris à Lyon (125 lieues). Cela faisait, dans la belle saison, 25 lieues par jour. Le trajet de Paris à Rouen (32 lieues) se faisait en trente six heures. Pour aller de Paris à Strasbourg (117 lieues), on mettait trois jours de plus que pour traverser l'océan Atlantique ».

D'ailleurs l'écrivain allemand Grimm, qui voyagea en France vers 1773, nous a laissé de ce voyage de Strasbourg à Paris un tableau plus intéressant encore peut-être.

« Comme le coche est bon marché, toute espèce de gens s'y rassemblent. L'on s'y rencontre avec des individus dont, d'ailleurs, on ne supporterait pas la compagnie pendant un quart d'heure seulement, à plus forte raison pendant des journées entières. Gens de bon ton, mendiants, moines, artistes, femmes de chambre, domestiques, tout prend place dans cette arche de Noé. Comme celle-ci peut contenir huit à dix personnes, assises dans une ellipse, et qu'en raison de la quantité de bagages, elle est très lourde, il faut souvent l'atteler de huit chevaux, qui ne peuvent néanmoins faire plus de six lieues par jour. On reste donc onze jours entiers pour aller à Paris. »

Ces détails dont l'authenticité ne saurait être mise en doute sont assurément plus probants que toutes les autres dissertations sur ce thème. En les relisant, nous ne pouvons nous empêcher de calculer les bienfaits réalisés par le progrès, et notre pensée émue va vers Denis Papin qui souffrit de l'exil, du mépris des satisfaits de son époque, de la misère et de la cruauté que

Plus d'une fois on vit des malheureux exposés à l'injure des foules.

l'ignorance favorise et trop souvent encore honore. Dans nos cœurs, le souvenir de ce grand homme, d'autant plus illustre qu'il fut méconnu en son temps, doit rester impérissable.

II

LA NAVIGATION A VAPEUR

JOUFFROY D'ABANS

Après l'aventure de la Fulda où Papin vit sombrer ses plus chères espérances, on n'entendit plus, pendant de longues années, parler d'applications de la vapeur à la navigation.

Vingt ans après, une proposition très vague fut lancée ; mais l'indifférence systématique des dirigeants pour tout ce qui était progrès la fit tomber dans l'oubli.

Le Régent et sa suite avaient d'abord à songer à leurs plaisirs personnels, plus encore qu'au bien de l'Etat, et, jouisseurs égoïstes, débauchés dépourvus de sens moral, ils ne pouvaient s'intéresser aux efforts des savants.

Plus de soixante-dix ans après, vers 1780, les esprits sérieux s'inquiétèrent de reprendre le problème de Papin. Or c'est un Français, Claude François Dorothée, marquis de Jouffroy d'Abans, qui tient la place la plus importante dans cette histoire de la navigation à vapeur.

Né, le 30 septembre 1751, à Roche-sur-Rognon, dans le département du Doubs, il fit ses études chez les dominicains de Quingey dans le voisinage du château familial. Mais un penchant irrésistible l'entraînait vers les arts mécaniques. C'était le temps où, par snobisme, tous les beaux fils de la noblesse s'amusaient à quelques menus travaux manuels. Chez Jouffroy, ce ne fut point une question de mode ; mais plutôt une curiosité naturelle, un besoin d'analyse et de synthèse qui l'attirait vers une machine, lui en faisait observer les organes, démonter et remonter le mécanisme. Tout système mécanique était pour lui le plus attrayant des problèmes, et il s'adonnait avec une véritable passion à la recherche d'une solution qui pût lui convenir.

Or, à cette époque, nous savons que si la noblesse, pour son agrément, se permettait de menus travaux, par tradition elle était hostile à tout travail manuel sérieux, à toute entreprise industrielle de certaine importance. Imbus de ces préjugés, les parents de Jouffroy auraient cru déchoir si leur fils se fût engagé, comme il en avait le goût et le désir, dans la voie du travail sérieux qui relève et grandit.

Un contemporain de ces pauvres gens avait pourtant dit : *Il vaut mieux déroger à sa qualité qu'à son génie !* mais pour leur fils aîné, ils ne songeaient qu'au noble métier des armes.

Ici encore, le jeune marquis, qui aurait plus volontiers désiré prendre rang parmi les armes savantes telles que le génie ou l'artillerie, eut à subir les railleries des salons frivoles pour lesquels ces armes savantes devaient plus spécialement convenir aux fils de bourgeois.

En 1764, Jouffroy était page au service de la dauphine Marie Joseph de Saxe qui fut la mère de Louis XVI. Trois ans plus tard, cette dame vénérable étant morte, Jouffroy revint au château d'Abans jusqu'à sa vingtième année, époque à laquelle il fut enrôlé comme sous-lieutenant au régiment de Bourbon. Il lui fut très pénible de se plier aux exigences du service, aux rigueurs de la discipline, et, ne sachant pas obéir, il fut envoyé, sur une lettre de cachet, à l'île Sainte-Marguerite.

Il résolut de s'évader de cette prison fortifiée où jadis avait été enfermé le *masque de fer* (1) ; mais il laissa imprudemment percer son dessein, et le gouverneur le fit enfermer dans un cachot. Il fut dès ce moment l'objet de la surveillance la plus rigoureuse.

Jouffroy, en cette circonstance, donna la mesure de son esprit inventif et de sa force de caractère.

Cette fois, son habileté manuelle lui fut précieuse, car, s'étant muni — on ne sais comment — d'un ressort

---

(1) Ce personnage presque légendaire et mystérieux qui fut enfermé d'abord dans la prison de Pignerol au XVIIe siècle, puis à Sainte-Marguerite, a longuement défrayé la chronique.

Le Marquis de Jouffroy.

de montre, il parvint à scier les barreaux de sa prison.

Son travail fut découvert assez promptement et il fut enchaîné pieds et poings liés. Il se débarrassa tout aussi facilement de ses liens et de ses chaînes. C'est alors que furent prises contre lui de nouvelles mesures de rigueur qui confinaient à la torture.

Ne pouvant réaliser son projet d'évasion, il s'intéressa au va-et-vient des navires qui s'en allaient vers le port de Marseille.

A travers les barreaux de sa prison il avait tout loisir pour analyser le mouvement des rames, leur façon de battre le flot, de fendre la vague, et plus d'une fois il songea au moyen de substituer la vapeur à la force de l'homme afin de décupler la puissance propulsive.

Jouffroy, en songeant à ces choses, ne faisait que penser à ce qui préoccupait déjà depuis des années quantité de gens : nous avons vu que Papin avait été lui aussi hanté par le même désir.

En 1753, l'Académie des sciences avait mis au concours le sujet que voici : *De la manière de suppléer à l'action du vent sur les grands vaisseaux, soit en appliquant les rames, soit en employant quelque autre moyen que ce puisse être.* Ce fut le prix (1) fondé par M. Rouillé de Meslay, conseiller au Parlement de Paris, qui fut

---

(1) Il avait été primitivement destiné aux savants qui s'occuperaient de la quadrature du cercle.

destiné à cet usage. Watt n'avait pas encore fait faire à la machine à vapeur les grands progrès que nous savons. Dans le compte rendu de ce concours nous trouvons que Bernouilli, qui eut le prix, rejetait, non sans quelque raison, étant données ses imperfections, la machine à vapeur de Newcomen. Il n'en reste pas moins certain que beaucoup de gens pensaient à l'emploi de la vapeur pour la navigation et que Jouffroy ne pouvait s'empêcher d'y songer, lorsque son regard suivait le mouvement des navires qui passaient sous sa fenêtre. Ses observations prirent un caractère presque scientifique et, lentement cataloguées en quelque sorte dans son esprit, elles devaient un jour finir par porter leurs fruits.

En 1774, Jouffroy fut libéré, après deux ans de détention. Il revint dans sa famille ; mais il n'y fit pas un long séjour. Se contentant de mettre de l'ordre à ses affaires, il se hâta de partir, en 1775, pour Paris, afin de réaliser ses projets de construction mécanique.

En ce temps-là, il y avait, à Paris, sur la rive droite de la Seine, tout à l'extrémité du Cours la Reine, au pied de la montée de Chaillot, ce qu'on appelait la *pompe à feu*. Elle avait été installée là par Jacques Constantin Périer, afin de mettre en mouvement les pompes destinées à l'approvisionnement de l'eau dans Paris.

Ce Périer était un constructeur de machines, membre, en outre, de l'Académie des sciences, et qui était à la tête des plus vastes ateliers de mécanique de l'époque. C'est lui qui, le premier, en France, introduisit, au retour d'un voyage en Angleterre, la première machine à vapeur de Wat.

C'était cette machine à vapeur qu'on avait baptisée la pompe à feu.

Les gazettes en parlaient comme de la merveille du jour, la plus étonnante chose qui fût au monde.

Dès son arrivée à Paris, Jouffroy courut chez Périer. Il obtint de ce dernier la faveur d'une entrée particulière, afin de pouvoir, à l'écart de la foule, mieux se rendre compte des divers détails qui entraient dans la constitution du mécanisme.

Il ne fut pas longtemps à en comprendre le caractère, et le système, et le fonctionnement ; aussi n'eut-il paix ni trêve qu'il n'eût essayé de l'approprier comme moteur pour un appareil de propulsion destiné à la marche des navires.

Les idées étaient si lentes à cheminer à cette époque qu'on ignorait, même dans les milieux scientifiques, les efforts de Papin dans ce sens et son aventure avec les mariniers de Wesel. De nos jours, pareille chose ne serait plus possible ; la presse qui enregistre toutes les bonnes et les mauvaises choses ne laisserait point tomber dans l'oubli une entreprise même malheureuse comme celle de Papin.

Il a fallu arriver en 1852 pour apprendre, par la publication que fit le professeur Kuhlmann de Hanovre de certaines lettres, pour apprendre, dis-je, que Papin fut non seulement le précurseur, mais le véritable initiateur d'une belle découverte que l'ignorance faillit irrémédiablement tuer.

Jouffroy essaya d'intéresser Périer à son objet ; mais il le trouva plutôt hostile à ses idées.

Que vouliez-vous dès lors que pût entreprendre un homme sans notoriété comme Jouffroy quand il avait contre lui un membre de l'Académie des sciences très connu pour ses travaux antérieurs ?

Evidemment, Périer avait tort ; mais ce n'est pas toujours ceux qui ont raison qui peuvent faire triompher leurs idées. Nous verrons combien la chose fut difficile pour Jouffroy.

Les premières expériences de ce dernier justifièrent ses prévisions : Il quitta Paris et se retira aux environs de Beaume-les-Dames, continuant ses essais sur le Doubs. Les heureux résultats qu'il obtint lui rendirent quelque courage et l'affermirent dans ses idées.

En juin et en juillet 1776, son *pyroscaphe* (1) fit sou-

(1) De deux mots grecs : *pyro*, feu, et *scaphe*, bateau. Soit bateau à feu.

vent le trajet entre Montbéliard et Besançon, attirant chaque fois un nombre considérable de curieux.

Les amis de Jouffroy, ses compatriotes, portèrent aux nues le mérite de ce génie inventif.

Il était nécessaire à ce moment de tenter l'affaire plus en grand. Il se rendit à Lyon et commanda aux frères Jean, qui se trouvaient à la tête d'une grande usine, une machine à vapeur capable de mettre en mouvement un bateau de 46 m. de long sur 4 m. 1/2 environ de large. Les rames qui figuraient à son premier bateau étaient remplacées par des roues à aubes de 4 m. 1/2 de diamètre.

Ce bateau, qui pouvait porter 15 tonnes, avançait à raison de 8 à 10 km. à l'heure. En 1783, après 3 années d'expériences diverses, les membres de l'Académie de Lyon, à la suite d'une démonstration faite devant des milliers de témoins, dressèrent un procès-verbal constatant le succès de l'opération.

Sous un ciel plus clément, la fortune de Jouffroy eût été prompte. En France, les inventeurs, le plus souvent, sont un instant glorifiés, puis ceux qui devraient leur apporter le concours de leurs capitaux pour la réalisation pratique de leur invention se dérobent et l'on voit alors se constituer à l'Etranger des sociétés financières qui s'empressent d'utiliser le travail de nos malheureux hommes de génie.

Ces faits-là qui se renouvellent encore aujourd'hui, chaque jour, étaient dans l'ordre des choses bien acceptées au XVIIIe siècle. Il faut reconnaître, cependant, qu'en ce qui concerne Jouffroy, il parvint à obtenir la constitution d'une compagnie financière pour organiser un service de transports par les bateaux à vapeur. Naturellement, en ce temps de privilèges, cette compagnie ne pouvait réclamer du roi qu'un privilège, mais le ministre de Calonne qui avait pris l'avis de l'Académie des sciences où prévalait l'influence de Périer, prétendit que les expériences de Lyon ne pouvaient encore être considérées comme concluantes et qu'il fallait les renouveler à Paris même.

Il faut retrouver et relire le compte rendu de cette séance de l'Académie des sciences. Périer avait été nommé rapporteur. Ce fut un véritable et piteux étalage des plus mesquines rancunes qui puisse être imaginé.

— Comment, disait-on, un inconnu, un gentilhomme que nous ignorons, qui n'est membre d'aucune Académie, peut-il oser se permettre d'inventer quelque chose ?

Etait-ce de l'inconscience ou de l'ironie cynique de la part des membres d'une telle compagnie ? On ne sait.

Il est cependant un fait nettement établi : C'est que

Périer, qui n'était pas un ignorant, avait assouvi son dépit de n'avoir pas eu raison au début dans ses critiques sur la découverte de Jouffroy.

Il fallait, même au prix d'une action mauvaise, que la science d'un homme tel que lui, Périer, ne fût pas une seule fois en défaut. C'était de l'orgueil, de l'orgueil monstrueux qui l'empêcha d'aider le jeune inventeur dans la réalisation de son projet et priva pour de longues années notre pays de cette belle découverte.

Le bateau de la Saône, construit dans des conditions défectueuses, après 15 à 18 mois de navigation fut obligé de s'arrêter, hors de service. A ce jeu-là, Jouffroy avait compromis ses petites économies, ses réserves assez modestes, toute sa petite fortune et par surcroît son avenir.

Rien n'est tenace comme l'espoir chez les inventeurs.

Jouffroy était un homme d'énergie. Il refit un petit bateau, un modèle réduit au vingt-cinquième, et l'envoya à son plus enragé détracteur, à Périer lui-même ; mais jamais le malheureux homme n'en entendit plus parler.......

Il y avait là de quoi décourager profondément les plus obstinés des chercheurs. Jouffroy, lui, ne se laissa pas aller au découragement. En ce moment, d'illustres personnages s'intéressèrent à l'inventeur. Le duc d'Orléans, entre autres, l'engagea vivement à aller en Angleterre porter le fruit de son labeur. Il lui offrit même des lettres de recommandations.

Jouffroy était plus patriote que ces gens-là. Il se refusa à cette combinaison. Pourtant elle aurait pu sourire au savant jusqu'à un certain point. L'Angleterre n'était-elle pas la terre où Wat travaillait encore à parachever sa machine à vapeur ? Si ces deux hommes avaient pu se rencontrer, que d'événements auraient eu un autre cours !

Jouffroy, vaincu par l'ignorance des gens, connut à son tour toutes les tristesses que n'avaient pas ignorées ceux qui avaient voulu comme lui faire franchir une étape nouvelle à l'humanité.

Dans les salons, il fut à la mode de se moquer très spirituellement de ce gentilhomme ouvrier qui prétendait « marier l'eau et le feu ». Les petits marquis, toute la gent talon rouge, railla, entre deux pirouettes, ce fou qui s'amusait à embarquer des pompes à feu sur des rivières.

Ce fut, un peu partout, un déchaînement de toutes les basses passions, de tous les éléments mauvais : rancunes, jalousies, etc., qui sont l'expression des âmes viles ou ignorantes.

Heureusement qu'au milieu des ces tristesses, Jouffroy avait à ses côtés, pour le soutenir et l'encourager, une admirable compagne. Le 11 mai 1783, au cours de son séjour à Lyon, l'inventeur avait épousé Madeleine de Pingon de Vallier, issue d'une des meilleures familles de Savoie. C'était une femme intelligente qui avait compris les efforts de Jouffroy et qui ne cessa jamais de lui témoigner la plus admirable confiance.

C'est qu'elle aimait son mari de toute son âme, la vaillante créature, et certes, nulle mieux que cette épouse modèle ne sut prodiguer intelligemment sa tendresse à l'homme de génie dont elle fut le seul soutien à travers tant de misères, la seule consolation et le grand réconfort dans cette rude traversée que fut la vie pour Jouffroy. Elle était l'idéale créature à la fois gaie et sérieuse, douce et courageusement résignée, simple et forte qui sut, sans trop d'ennui, supporter les conditions pénibles de leur triste situation.

En 1789, la Révolution oblige Jouffroy, qui est un ci-devant, à fuir à l'Etranger. Ici, un intervalle de dix ans, qui est sans intérêt réel pour la biographie de l'inventeur. En 1801, le Consulat lui ayant rouvert les portes de France, il revint dans son pays et, ses parents étant morts, il put, par le plus grand des hasards, reprendre possession du château féodal qui n'avait pas été confisqué.

A peine réinstallé dans le logis de ses pères, Jouffroy, secondé par ses enfants, reprit la suite de ses travaux.

Nous avons de lui quelques lettres à son ami Follenai qui s'efforçait de lui constituer à nouveau une société pour l'exploitation du brevet. En voici une datée du 24 décembre 1801.

« Comme on me demande un petit modèle, je travaille fort à celui que j'ai commencé, j'y mets tous mes soins, j'espère qu'il *satisféra* tous ceux qui le verront. Je suis presque décidé à le porter moi-même à Paris. Je chargerai sur mon chariot deux muids de mon vin blanc vieux et nous deux, Ferdinand (son second fils) et moi, nous le conduirons à Paris avec le reste de l'eau-de-cerise et le modèle. Cela ne retarderait pas beaucoup la construction du grand bateau, parce que le petit modèle a mis M. Marion et même Achille (son fils aîné), dans le cas de se passer de moi pour beaucoup de choses, mais il faudrait, dans le même temps, conclure un arrangement avec les fournisseurs de fonds. »

« Il faut que vous vous occupiez sérieusement de cet objet. Cette société ne pourrait pas faire à moins de six cent mille livres de fonds. »

Le 21 janvier 1802, il écrivait encore :

« Il faut que je dépose un modèle cacheté plus neuf cents livres et que je souscrive en outre une obligation de sept cent cinquante livres. C'est ce que coûtera mon brevet pour 15 ans. Cette somme, avec mes matériaux, m'aurait suffi pour faire mon bateau ainsi que la machine, et la mettre en état de recevoir la pompe à feu. »

On le voit, les soucis d'argent étreignaient cet homme. Il était pauvre alors, très pauvre : le modeste revenu de sa terre pouvait à peine suffire à la subsistance des siens, et cependant ne lui fallait-il pas de l'argent pour établir le modèle nécessaire à la démonstration ?

Les hommes de génie, nous l'avons vu avec Palissy, quand ils ont en eux cette foi si haute dans la réalisation de leurs conceptions, ne peuvent ainsi abandonner la partie. Ils s'obstinent dans leur rêve, rien ne saurait les arrêter.

Jouffroy manquait de tout. Il lui fallait du bois et du fer pour son bateau. Faute d'argent, il ne pouvait en acheter.

A deux siècles de distance, le mécanicien recommence le geste du potier. Comme l'autre, il démolit son vieux manoir afin d'en tirer le bois ; bois de charpente, de planchers, de menuiserie, dont il a besoin ; le fer lui-même des ferronneries antiques ne sera pas inutile.

Voyez : son fils, Achille, monté sur le toit, attache les câbles aux lourdes pièces de charpente, et les plus jeunes de ses frères tirent d'en bas, trouvant encore, dans leur misère, de francs éclats de rire quand une pièce de vieux bois craque et tombe.

La maison peut s'effondrer, qu'importe pour ces convaincus si le rêve du père arrive un jour à prendre corps.

Deux années sont nécessaires pour réaliser l'œuvre, et voici le fameux modèle qu'on descend à Osselle dans une presqu'île formée par le Doubs et le canal du Rhône ; au pied du château, devant le portail De Roche, recommence la série des expériences de jadis.

Jouffroy n'était pas encore, hélas ! parvenu au terme de ses déconvenues.

Il lui fallut, pendant des années, lutter contre les lenteurs et la scandaleuse mauvaise volonté d'une bureaucratie souveraine, et ce ne fut qu'en 1816 qu'il put enfin avoir le brevet tant désiré. C'est alors que, sous le patronage du comte d'Artois, il fit construire à Bercy le *Charles-Philippe*.

Ce fut le 20 avril 1816 que le lancement fut fait avec tout le succès désirable.

Le génie de Jouffroy allait-il enfin avoir sa consécration officielle ? Non, car nous ne pouvons pas considérer, comme récompense suffisante pour une telle persévérance et un tel dévouement à la science, la croix de Saint-Louis et la nomination comme commissaire particulier dans les provinces de l'Est.

Le roi Louis XVIII eût pu être mieux inspiré, et, à ce moment surtout, « *le moindre grain de mil eût fait bien mieux son affaire.* » Un peu de protection efficace pour l'entreprise de ce pauvre grand homme lui eût été certainement plus agréable que ces honneurs en somme bien illusoires.

Jouffroy, en effet, vit ses plans dérobés, et son modèle, à peine modifié, fut exploité par une compagnie qui se constitua par opposition avec la sienne.

Ce fut la ruine des deux sociétés concurrentes.

En 1819, Jouffroy, non encore découragé, reprenait son projet de reconstitution d'une société nouvelle, afin d'obtenir les fonds nécessaires à la construction d'un navire qu'il baptisa d'un nom significatif : *La Persévérance.*

Construit à Chalon-sur-Saône, ce bateau fit longtemps le trajet de Chalon à Lyon aller et retour. Les compagnies de transport, très puissantes, ne pouvaient accepter aussi aisément une concurrence de cette nature. Les gens malhonnêtes qui présidaient à leurs destinées n'eurent trêve ni repos qu'ils n'eurent suscité à Jouffroy tous les embarras qui finirent par aboutir à un vrai désastre.

Les années qui suivirent furent encore des années de lutte et de misère profonde.

En 1822, nous retrouvons Jouffroy, âgé de 71 ans, dans la plus noire misère, sans plus aucune ressource et par surcroît endetté. Voyant qu'il lui était impossible du fond de sa province de prévenir et de combattre les intrigues qui se nouaient à Paris autour des puissants de l'époque et qui paralysaient son œuvre, il quitta son vieux château en ruines et se rendit dans la capitale pour l'habiter.

C'était une détermination héroïque pour ce malheureux vieillard. De nouvelles épreuves l'attendaient. Elles l'auraient certainement tué, s'il n'avait eu auprès de lui la bonne compagne dont l'abnégation et le courage avaient toujours été à la hauteur de son génie à lui et de son indomptable persévérance.

Dans ces jours de misère sombre, Mme Jouffroy, qui avait connu au temps de sa prime jeunesse toutes les douceurs de la vie aisée et calme, n'eut pas sur les lèvres la moindre parole d'amertume, pas d'expression qui pût trahir ses désillusions ou ses regrets.

Il faut se pencher sur cette existence obscure et aussi héroïque que celle de bien d'autres héroïnes dont l'histoire proclame les noms. Dans l'ombre où elle se tient volontairement, son profil se détache lumineux à côté de la belle figure de l'inventeur. Elle est un exemple des vertus que doit posséder une épouse, et ces vertus nous paraissent plus hautes encore quand nous voyons cette pauvre vieille dame, ayant droit à un repos chèrement gagné par une vie, tout entière de labeur et de dévouement, s'adonner à un travail mercenaire, pour dégager son mari des soucis de « la mouture quotidienne. »

Mme Jouffroy travailla donc, comme une ouvrière de carrière, à la confection. En ces temps, où la machine n'avait pas encore allégé le travail manuel, on la vit tirer l'aiguille des journées entières et prolonger encore assez tard ses veillées afin d'apporter quelques nouvelles ressources à son ménage.

Elle s'éteignit en 1829, confiante jusqu'à son dernier soupir dans le génie de son grand homme qui avait été la victime d'une fatalité stupide plus encore que la cause de leur malheur.

Seul désormais, Jouffroy se sentit, avec raison, le plus malheureux des hommes. Peut-être commença-t-il alors seulement à désespérer et de l'humanité, et de la vie elle-même. Il perdait l'associée de ses rêves, celle qui avait soutenu si fermement l'essor de sa pensée, l'effort de sa volonté magnifique. Alors, se sentant presque incapable de lutter contre les courants mauvais, il demanda la liquidation de sa pension comme capitaine d'infanterie et obtint, à ce titre, en 1831, un refuge à l'Hôtel des Invalides.

C'est une curieuse chose que la situation de ce vieillard ayant, pour employer l'expression courante, gagné ses invalides sur le champ de bataille du travail, poste de combat sublime, auquel n'avait jamais songé sans doute Louis XIV quand il faisait établir le célèbre asile destiné aux blessés de la guerre.

Certes, ils avaient été bien rudes pour cet homme les combats qui l'avaient brisé et les ennemis barbares contre lesquels il avait lutté, les forces mauvaises qui dans son propre pays l'avaient vaincu : routine, ignorance, envie, préjugés, ont, en l'espèce, été aussi funestes à notre pays que les ennemis du dehors.

En 1832, le choléra qui décimait la population parisienne atteignit Jouffroy.

Il mourut dans sa quatre-vingt-deuxième année. Le 18 juillet 1832, ayant été voir sa sœur, il rentrait à l'hôtel avec les frissons de la fièvre ; le lendemain, il expirait, ne laissant pas à ses enfants un sou vaillant.

A cette même heure, les bateaux à vapeur, déjà nombreux, sillonnaient tous les fleuves, des steamers s'apprêtaient à fendre les flots, personne ne songeait plus guère à l'homme dont l'intelligence et le travail avaient préparé, à travers mille embûches, cette étape nouvelle du progrès humain.

III

FULTON

En Angleterre, un autre émule de Jouffroy, William Symington, n'eut pas plus de succès dans son entreprise.

Les directeurs de la navigation sur la Clyde, en 1802, décidèrent d'arrêter les expériences de Symington sous un prétexte bien curieux. Ils prétendirent que les vagues volumineuses produites par le jeu des roues à palettes des steamers, menaçant les rives du fleuve d'une détérioration rapide, il y avait lieu d'interdire l'usage de ces nouveaux bâtiments

Un homme d'une rare énergie pouvait, seul, contre de tels préjugés, arriver à un résultat décisif. Cet homme c'est Fulton.

Fils de pauvres colons irlandais établis dans un coin de la Pensylvanie à Little-Britain (Petite Bretagne), Fulton, parmi ses nombreux frères et sœurs, sut faire lui-même sa vie et dégager sa propre personnalité par ses seuls moyens.

Robert Fulton avait à peine 3 ans quand mourut son

père. Sa pauvre mère n'eut pour tout héritage que ces cinq enfants ; mais comme elle était une vaillante créature, elle s'efforça de les élever de son mieux et les envoya tous à l'école du village.

Là, Robert Fulton apprit tant bien que mal à lire, à écrire et à calculer. A douze ans, il entra en apprentissage chez un joaillier du village. Ce que put être cet apprentissage se devine sans peine.

Avec un très léger bagage scientifique, il partit pour Philadelphie vers l'âge de dix-huit ans. Là, il devait commencer à se développer pleinement.

Tandis qu'il s'occupait tout le jour à son métier, le soir venu, il courait les cours et s'intéressait plus particulièrement au dessin, à la peinture et même à la mécanique.

Robert Fulton ne tarda pas à se révéler comme un peintre humoriste de réelle valeur.

Il allait lui-même colporter ses œuvres de taverne en taverne, cherchant pour son nouveau talent un débouché. Il avait la persévérance audacieuse des Américains, cette persévérance que rien n'arrête, ni ne rebute, et qui devait plus tard amener son triomphe sur un champ plus vaste de l'activité humaine.

Cet argent, à la conquête duquel il mettait une réelle âpreté, avait la plus noble des destinations.

Au milieu de ses travaux divers, dans la multiplicité de ses préoccupations, souvent l'esprit de Fulton se reportait vers le village de Little Britain où sa pauvre mère avait rudement peiné et peinait encore pour sa petite famille. Et Fulton voulait assurer la sécurité des vieux jours de cette brave femme. Haute pensée que celle-là ! Quel exemple ne pouvons-nous puiser dans cette jeunesse qu'anime un si beau sentiment !

Voyez ce jeune ouvrier qui, sa journée finie, poursuit, en dehors de son labeur quotidien, une tache nouvelle. Voyez-le ne reculant point devant tout ce que peut avoir d'ennuyeux cette vente qu'il fait lui-même de ses œuvres. Mais aussi combien grande dut être sa joie, le jour où il apporta, en hommage, à sa bonne mère, l'argent nécessaire afin d'acheter la petite ferme qui la mettait pour toujours à l'abri du besoin. En songeant à ce bonheur, combien penseront à tels autres jeunes gens qui, loin de leur famille, finissent par oublier les auteurs de leurs jours et, s'abandonnant aux passions mauvaises, laissant dans les tavernes et les estaminets, non seulement leur santé, le produit de leur travail, mais encore les quelques et pauvres économies de leurs vieux parents, font ainsi le malheur de ces derniers en même temps que le leur propre.

Fulton avait acquis un talent assez remarquable en peinture, ses esquisses et ses miniatures avaient attiré sur lui l'attention des amateurs. Il en était au point où l'on a tout à gagner à travailler auprès d'un maître expérimenté. Ce maître, il n'aurait pu le trouver en ce moment dans la jeune Amérique. C'est de l'autre côté de l'Atlantique qu'il lui fallait songer à l'aller chercher.

Un riche compatriote s'offrit pour fournir à Robert les moyens de passer en Angleterre.

C'est en novembre 1786 qu'il arriva à Londres et entra dans l'atelier de Benjamin West, peintre dont la réputation était à ce moment très grande ; mais, insensiblement, Fulton, malgré son talent reconnu par tous et qui allait grandissant, Fulton abandonna la peinture pour les sciences mécaniques. De peintre, il devait devenir ingénieur.

En 1793, il présenta au gouvernement anglais un assez curieux projet d'amélioration de la navigation fluviale par les canaux. Il proposait de supprimer dans ceux-ci les écluses qu'il remplaçait par un double plan incliné sur lequel glisseraient les bateaux au moyen de roulettes dont on les aurait préalablement munis.

Cette question des canaux dut particulièrement impressionner Fulton, car il présenta encore bien d'autres projets par-dessus, notamment des plans de machines spéciales, charrues mécaniques, etc., destinées à creuser les canaux.

En ce temps-là, il y eut, en Angleterre, grande affluence

Fulton voulait remplacer les écluses par des plans inclinés doubles.

d'inventeurs; le développement de l'industrie, dans ce pays, avait attiré les chercheurs de partout. En somme, c'était donc, pour l'esprit en travail de Fulton, une excellente atmosphère.

Il se lia avec le docteur Cartwright qui avait inventé une machine à tisser, et Fulton inventa lui aussi une machine à filer le chanvre et une autre à tisser les cordes. Il suivit toutes les expériences relatives à la navigation à vapeur dès qu'il eut rencontré Symington dont nous avons déjà parlé. Avec ce dernier, il se promena sur la Clyde et obtint des renseignements et des détails, des plans même qui devaient lui servir plus tard.

Déjà, Fulton avait songé à la navigation par le moyen de la vapeur, et dès qu'il fut en relations avec Symington il l'avertit loyalement de son intention d'aboutir de ce côté. Aussi, est-ce en connaissance de cause que Symington le mit au courant de ses travaux passés.

En 1797, sur l'invitation de Livingston, le représentant des Etats de l'Union en France, Fulton quitta l'Angleterre et vint à Paris pour y poursuivre son œuvre.

Nous étions alors en guerre avec toute l'Europe. Fulton proposa au gouvernement français d'établir, pour son compte, tout un système de torpilles sous-marines destiné à protéger ses côtes.

Le hardi Américain fit même mieux, il présenta un

type de bateau sous-marin destiné au transport de ces torpilles. Il réalisa, devant une commission, l'essai de son bateau, resta cinq heures submergé et démontra de la sorte qu'il lui serait très facile de placer le terrible engin au flanc de n'importe quel gros navire d'escadre et de faire sauter ainsi ce dernier.

La Commission fut enthousiasmée par cette expérience, et son rapport très favorable, qu'on peut voir encore aux archives de la guerre, démontrait la nécessité de réaliser au plus vite les projets de Fulton.

Malheureusement les préocupations de l'heure et aussi les mauvaises volontés qui ne manquaient pas alors en France en empêchèrent la réalisation.

Ne pouvant aboutir de ce côté, Fulton revint à son idée du bateau à vapeur. Il construisit sa machine et, en 1803, put la lancer sur la Loire. Il ne réussit point et se vit dans l'obligation, le premier bateau s'étant brisé, de recommencer son travail. Vers la fin de cette même année 1803, il lança un second bateau sur la Seine. Ce fut un grand événement : le peuple parisien, qui de tout temps compta nombre de badauds, ne manqua pas l'occasion de ce curieux spectacle.

Le succès dépassa les espérances de l'inventeur ; mais quand il voulut faire entrer son invention dans le domaine pratique, il ne trouva personne pour l'aider et découragé par l'insouciance des dirigeants français, il revint en Angleterre.

Il recommença là ses expériences devant un public aussi empressé qu'à Paris ; mais les propositions que lui fit le gouvernement britannique, pressé par l'opinion, lui parurent inacceptables pour son patriotisme, si bien qu'il se décida, en 1806, à retourner dans son pays.

L'Amérique était une terre neuve, plus favorable qu'aucune autre aux idées hardies. De plus, il avait là, dans M. Livington, un ami sûr qui le seconderait dans ses entreprises.

Où trouver, du reste, un meilleur champ pour sa tentative? Dans l'Amérique du Nord abondent des lacs, grands comme de véritables petites mers ; les fleuves et les rivières y atteignent de belles proportions, et les forêts aussi bien que les mines offriraient à ses machines tout le combustible nécessaire.

Voici donc Fulton revenant ingénieur dans ce pays d'où il était parti peintre.

Immédiatement, il se mit à l'œuvre et construisit le premier bateau à vapeur qui devait naviguer entre Albany et New-York, sur l'Hudson. Il l'appela le *Clermont*, du nom d'une propriété de Livingston, qui lui servait encore une fois de plus de bailleurs de fonds. Il faut dire, pour la clarté du sujet, que Fulton apprit une fois de plus que « Nul n'est prophète en son pays », car ayant fait appel aux autorités de New-York pour avoir des crédits suffisants afin de réaliser son entreprise, tout aide lui fut refusé et il dut faire à ses risques et périls l'essai définitif.

Il se passa du reste pour Fulton ce qui s'était passé pour Palissy : ses amis ne lui furent pas moins hostiles que le public ; celui-ci avait appelé le Clermont la *Folie Fulton*, et ses meilleurs camarades aussi jugeaient l'inventeur irrémédiablement fou.

Il vaut encore mieux, quand il s'agit de faits de cette nature, remonter aux mémoires du temps pour y trouver l'expression des misères que tant de fois eurent à endurer ces vaillants ouvriers du Progrès.

Voici ce qu'écrit Fulton lui-même :

« Alors que j'étais occupé à la construction de mon bateau à vapeur, le public considérait mon projet soit avec pitié, soit avec mépris et comme la conception d'un visionnaire. Mes amis étaient polis avec moi, mais réservés. Ils écoutaient mes explications patiemment, mais avec un parti pris d'incrédulité que leur contenance trahissait... Comme j'avais souvent l'occasion, pendant la construction de mon bateau, d'aller au chantier et d'en revenir, il m'arrivait quelquefois de me mêler, inconnu, aux groupes des flâneurs, pour y entendre exprimer les opinions de la foule sur mon entreprise. C'était toujours la même chose : on se moquait de moi, on me tournait en ridicule, on m'abreuvait de mépris, on calculait la dépense inutile qu'allait entraîner cette tentative insensée ; et toujours la répétition de cette lourde et sotte expression : la *Folie Fulton* ! — Jamais une parole encourageante, un souhait généreux, une lueur brillante d'espoir ne vint éclairer mon chemin ! »

Les ressources faillirent manquer, et le bateau n'était pas encore prêt pour la navigation.

Fulton essaya alors de constituer une société pour l'exploitation de son bateau : l'apport qu'il demandait était relativement minime et la part dans les bénéfices qu'il offrait semblait devoir attirer des capitaux.

Mais nul n'avait confiance dans l'inventeur, et ce dernier dut se tirer comme il put d'affaire avec les simples ressources de son ami.

Au mois d'août 1806, on put enfin lancer le *Clermont* : ce fut le moment le plus angoissant pour Fulton et son ami fidèle Livingston qui ne l'avait jamais abandonné. Il fit afficher dans toute la ville de New-York le programme de cette journée qui devait être mémorable.

Reprenons dans les mémoires de Fulton le passage qui a trait à ce lancement :

« Pour moi, dit Fulton, c'était l'heure solennelle,

décisive. Je priai quelques-uns de mes amis de monter à bord pour prendre part à la première traversée. Plusieurs d'entre eux m'accordèrent la faveur de m'accompagner comme une marque de déférence personnelle ; mais il était manifeste qu'ils ne le faisaient qu'avec répugnance, craignant d'avoir à partager ma mortification et non mon triomphe.

« Le moment arriva où l'ordre devait être donné pour que le vaisseau se mît en mouvement. Mes amis étaient groupés sur le pont. Il y avait de la crainte et de l'anxiété dans leur attitude. Ils étaient silencieux, inquiets, tristes. Je ne lisais que désastre dans leurs regards alarmés, et je me repentis presque de mes efforts.

« Le signal fut donné, et le bateau se mit en mouvement ; à une courte distance il s'arrêta et demeura immobile...

« Au silence de tout à l'heure succédèrent des murmures de mécontentement et d'agitation, des haussements d'épaules, des reproches comme celui-ci, que j'entendis distinctement.

« — Je vous le disais bien, c'est un projet insensé ; « je voudrais que nous fussions hors d'ici ! »

« Je montai alors sur une plate-forme, et j'avouai que j'ignorais la cause de cet arrêt subit, mais j'ajoutai que si l'on voulait bien rester tranquille et me donner une demi-heure de répit, je saurais alors si nous devions poursuivre ou abandonner le voyage.

« Je descendis à la machine et je m'aperçus qu'un léger défaut dans l'ajustage était la cause de tout le mal. J'y obviai aussitôt.

« Le bateau reprit sa route ; nous quittâmes New-York ; nous passâmes devant les montagnes ; nous atteignîmes Albany !

« Même alors l'imagination des amis qui m'accompagnaient luttait contre l'éloquence incontestable du fait. Ils discutaient encore la question de savoir si l'expérience pourrait jamais être renouvelée, et si, en tout cas, les résultats qu'on en pourrait tirer auraient jamais une aussi grande importance que je l'espérais. »

Il y a un point que Fulton a omis dans sa relation : celui-ci qui a bien son importance. Au moment où les amis que Fulton avait convoqués pénétraient avec lui à bord du *Clermont*, la foule les salua de ses ironies et de ses huées.

Au moment où, par la seule puissance de son moteur, le lourd bâtiment parvint à s'ébranler, ce fut un étonnement singulier.

La haute cheminée vomissait à jets continus la noire fumée de son fourneau, tandis que les larges roues à aubes battaient d'un mouvement continu et uniforme l'eau qui rejaillissait en écume : le *Clermont*, majestueusement et presque sans peine, remontait le fleuve.

Ce fut alors un revirement singulier ; de toutes ces lèvres qui n'avaient eu que des insultes un moment auparavant, des poitrines de tous ces gens venus là non pas en amis, mais en ennemis, monta un cri terrible d'admiration ; c'était un seul hurra, un hurra unanime qui disait assez éloquemment la grande victoire remportée par Fulton sur le scepticisme et la méchanceté de ses compatriotes ignorants.

Dans cette minute grandiose qui le vengeait de tant de sarcasmes l'inventeur pouvait-il ne pas se souvenir qu'avant d'en arriver là, il avait, pendant plus de neuf ans, peiné, souffert, essuyé des rebuffades de toutes sortes ?

Le *Clermont* parcourut très régulièrement le trajet qui sépare New-York d'Albany. Ce que fut cette traversée, étant données les imperfections de la machine, il est assez facile de le deviner ; mais le plus curieux, ce fut surtout l'attitude des mariniers croisés au passage. Pour tous ces pauvres gens, comme pour les bateliers du Wéser ou de la Fulda, il y avait certainement quelque chose de diabolique dans cette machine qui pouvait ainsi remonter un cours d'eau sans le concours de rames ni de voiles. Voici ce que l'on a retrouvé dans une gazette américaine de l'époque :

« Parmi les autres bâtiments naviguant sur le fleuve,

le *Clermont* avait un aspect terrifiant. Ce steamer, comme beaucoup d'autres aujourd'hui, employait pour combustible du bois de pin, qui rejetait par la cheminée une vapeur incandescente s'élevant à plusieurs pieds au-dessus de l'orifice d'échappement ; et, lorsque le foyer était remué, une voie lactée d'étincelles s'épandait sur le rideau sombre de la nuit, offrant ce spectacle d'une magnificence féerique.

« Malgré l'opposition des vents et de la marée, on le voyait approcher rapidement et sans la moindre hésitation vers le point indiqué ; et lorsqu'il passait si près des autres bâtiments que les équipages de ceux-ci pouvaient entendre le bruit de la machine et des roues faisant tourbillonner les flots écumants, on voyait des mariniers s'enfuir et se cacher dans l'entrepont, abandonner la manœuvre, et d'autres se prosterner et implorer la Providence, afin qu'elle les protégeât contre l'approche menaçante et impossible à éviter de ce monstre épouvantable qui marchait à contre-marée et éclairait sa route au moyen des flammes qu'il vomissait lui-même ! »

Le spectacle était assurément terrifiant pour des gens qui n'avaient même pu supposer que l'esprit humain arriverait un jour à réaliser une telle machine. Mais à la longue les moins prévenus finirent par se blaser, et la curiosité des premiers jours fit place à l'habitude.

Le *Clermont* établit bientôt un service régulier entre New-York et Albany, d'autres steam-boats furent construits d'après le même modèle, et 30 ans après ce premier essai décisif dans l'histoire de la navigation à vapeur, les États-Unis comptaient une flotte fluviale de plus de 3.000 steam-boats.

Robert Fulton n'était plus le fou de la première heure ; pour tous il était l'homme de génie dont pouvait être fière la jeune Amérique ; mais l'illustre inventeur connut encore d'autres misères : les envieux soulevèrent encore contre lui bien des obstacles.

Il connut les tristesses de ces procès qui vous font passer par tous les tourments de l'angoisse ; ajoutez à cela les souffrances d'une maladie causée par l'excès même des fatigues occasionnées par ses travaux, et vous ne serez pas surpris d'apprendre que Robert Fulton s'éteignit, le 24 février 1815, avant d'avoir atteint sa cinquantième année.

A partir de ce moment, il y eut quelque chose de changé dans le monde : les distances furent notablement diminuées et les continents que séparaient des mois de navigation furent à peu de jours les uns des autres. Rapidité et sécurité pour l'avenir furent les conséquences du succès de l'invention de Fulton.

A propos de ce dernier, rappelons, en passant, une légende qui n'est autre chose qu'une légende et qui cependant, pendant longtemps, eut cours dans le public.

Nous avons vu que Fulton fut éconduit, en France, lorsqu'après ses essais, il eut, un moment, l'espoir de voir accueillir favorablement ses projets. La légende en question veut que ce soit Bonaparte qui se soit montré hostile aux projets de Fulton ; notez que la chose n'est guère vraisemblable. En ce moment, Bonaparte commandait les armées d'Italie et n'avait pas encore acquis une si grande influence dans les décisions gouvernementales. Cependant la légende, acceptant cette version plutôt erronée, rapporte l'incident suivant :

« Sur le point de débarquer à Sainte-Hélène, Napoléon Ier, étant sur le pont du *Bellérophon*, aperçut une colonne de fumée qui montait, montait au-dessus de l'Atlantique.

« — N'est-ce point là, demanda-t-il, quelque navire incendié et en détresse sur la vaste mer ?

« — Non, lui répondit l'un des assistants, c'est un navire à vapeur. Aux États-Unis on n'en utilise pas d'autre, et dans quelques années l'Angleterre aura transformé tous ses vaisseaux à voiles... L'inventeur de ces machines nouvelles s'appelle Fulton..

« A ce nom, l'Empereur, continue la légende, prit désespérément sa tête dans ses mains et abîma sa pensée dans un monde d'infinis regrets. »

Évidemment, la scène ainsi établie a tout le pathétique que pourrait souhaiter un habile dramaturge. Elle n'a qu'un tort : celui de ne pouvoir être possible En effet, à l'époque où le *Bellérophon* croisait vers Sainte-Hélène, pas un navire à vapeur ne s'était encore risqué en mer, et ce ne fut qu'en juillet 1819 qu'un premier navire américain de 350 tonneaux, le *Savannah*, se risqua à faire le voyage de New-York à Saint-Pétersbourg, et que six ans plus tard, en 1825, les Anglais lancèrent leur premier steamer, l'*Entreprise*.

Ce qui est indiscutable, par exemple, c'est que Fulton aussi bien qu'Arago dans son cours de l'École polytechnique en 1827, ou Trégold dans son *Traité des machines*, 1828, tous se sont efforcés de reconnaître que Jouffroy avait le premier en date réussi dans l'application de la vapeur à la marche des bateaux ou des navires.

Et Fulton particulièrement, qu'on voulut opposer comme un rival à Jouffroy, se défendit de toute rivalité ou de toute envie à l'égard du malheureux inventeur. Dans une discussion avec l'horloger Desblancs de Trévoux, il disait :

« Pour ce qui est de l'invention, ni M. Desblancs ni moi n'avons imaginé le pyroscaphe. Si cette gloire appartient à quelqu'un, c'est bien à l'auteur des expériences faites sur la Saône en 1783. »

TROISIÈME PARTIE

LA CONQUÊTE DE L'AIR

I

PREMIERS BALLONS, GRAND ÉMOI.

De nos jours, tout ce qui touche à l'aérostation est capable de nous intéresser, de nous passionner. Il suffit de jeter un coup d'œil dans les journaux pour y trouver des détails chaque jour de plus en plus nombreux sur la direction des ballons et les merveilles de l'aviation.

Aujourd'hui, grâce aux perfectionnements apportés dans la construction des moteurs, on est arrivé à des résultats surprenants, et le triomphe du plus lourd que l'air permet d'ores et déjà de concevoir de belles espérances.

Mais, une fois de plus, il nous faut constater que ces résultats n'ont pas été réalisés sans de sérieux efforts, et rien ne nous paraît plus intéressant que de rechercher également, dans cette voie toute particulière du progrès, les glorieuses victimes de l'esprit d'entreprise qui devait aboutir à la réalisation de si merveilleuses choses.

Il n'y a pas longtemps encore, j'ai vu, bien des fois, des gens sourire ironiquement à l'affirmation d'un de ces chercheurs, quelque savant spécialisé, qui prétendait avoir trouvé le moyen de maintenir dans l'espace un corps plus lourd que l'air. On traitait même à voix basse de fou le malheureux qui hasardait de telles idées sur la navigation aérienne.

Et cependant, le rêve d'hier entre pleinement dans la réalité. Quand je dis le rêve d'hier, j'ai bien tort, ce fut le rêve de tous les temps, le rêve même des hommes de l'antiquité. Nous en retrouvons l'expression la plus ancienne et la plus précise dans ce bas-relief égyptien que nous reproduisons, et le souvenir d'*Icare* qui voulut prendre son essor nous oblige à rappeler le nom de son père *Dédale*, le premier constructeur des ailes fameuses, dont le fils fit si pauvre usage.

Il est bon, tandis que les Delagrange, les Wright et les Farman multiplient leurs essais, de rappeler la légende d'*Icare*, le premier aviateur.

Dédale étant prisonnier du roi Minos, dans une certaine île, se confectionna des ailes merveilleuses au moyen de plumes agglutinées patiemment avec de la cire. Elles fonctionnèrent admirablement et permirent à *Dédale* de s'envoler loin de l'île où il se trouvait déporté.

Icare, son fils, avec toute la témérité de sa jeunesse ardente, s'enleva lui aussi dans les airs; mais, dans son vol audacieux, il osa, dit encore la légende, braver Apollon, et s'étant trop approché du soleil, la chaleur fit fondre ses ailes, et le premier aviateur sombra brusquement dans la mer.

Bas-relief égyptien.

Et ce fut aussi, je l'ai déjà dit, le rêve des artistes et des penseurs de la Renaissance. Tandis que Léonard de Vinci, ayant étudié le vol des oiseaux, calculait la construction d'ailes mécaniques pour l'homme, Cyrano de Bergerac, plus hardi encore, dans ces abracadabrantes conceptions, voyait les aéronefs emportant, à travers l'espace, des trains véritables de voyageurs.

Le principe des aérostats est même très nettement posé dans les œuvres de Leibnitz, qui parurent environ cinquante ans avant la découverte des frères Montgolfier. Voici ce que dit, en effet, le grand savant allemand : « Si l'industrie humaine pouvait nous procurer des corps plus légers que l'air, on ne serait point sans espérance de trouver un jour le moyen de voler. »

C'était le sentiment de Lana (physicien de Brescia, mort en 1687), auteur très subtil, suivi en ce point par Vossius ; et il l'établit de cette manière :

« Soit un vase sphérique assez grand pour que l'air qu'il renferme soit plus pesant que le vase lui seul. L'air ayant été pompé par la méthode que l'on sait, et le vase étant bouché hermétiquement, ce vase sera alors plus léger qu'un pareil volume d'air. Or un corps plus léger qu'un fluide de même volume monte dans ce fluide ; donc le vase dont nous parlons montera dans les airs. »

Et, à l'appui de cette théorie, le savant joignait quelques calculs pour en démontrer la justesse.

Sans doute, il y avait là quelques erreurs assez sérieuses de détail ; mais l'idée-mère de l'aérostat s'y trouve bien exprimée, et ce fut cependant un très grand événement quand on apprit à Paris la grande nouvelle qui arrivait d'un tout petit village du Vivarais.

Deux industriels d'Annonay, les frères Montgolfier, fabricants de papier, avaient fabriqué un ballon en papier, lequel s'était élevé dans les airs, après avoir été au préalable gonflé d'air chauffé, ou plutôt, pour employer l'expression de l'époque, de fumée, car on croyait que l'air dilaté par la chaleur et la fumée étaient la même chose.

Le premier aviateur sombra dans la mer.

Le procès-verbal de cette expérience, dressé en présence des membres des États du Vivarais, qui s'étaient réunis à cet effet le 5 juin 1783 à Annonay, fut envoyé à l'Académie des sciences !

Les Parisiens, quelque peu jaloux que l'initiative d'une telle découverte se fût produite dans un village aussi perdu, souhaitaient ardemment de voir la réalisation de cette merveille dans la capitale même, et l'Académie des sciences, cédant à la pression publique, demanda aux deux frères Montgolfier de venir renouveler leur expérience auprès d'elle, se chargeant de tous les frais qu'elle pourrait nécessiter.

L'enthousiasme fut tel qu'en quelques jours une souscription publique atteignit le chiffre, considérable pour l'époque, de dix mille francs.

Les frais de l'entreprise pouvaient donc être ainsi aisément couverts. Faujas de Saint-Fond, professeur au Jardin des Plantes, se rendit avec le physicien Charles chez deux célèbres constructeurs d'appareils de physique, les frères Robert, et leur donna l'ordre de construire un ballon.

— Entendu, dirent-ils, un ballon en quoi, et de quelle capacité le voulez-vous, à quel usage le destinez-vous ? Que voulez-vous enfin mettre dedans ?

A vrai dire, on ne savait pas grand'chose de l'expérience faite à Annonay dans la cour des Cordeliers, si ce n'est que les frères Montgolfier avaient rempli un sac d'un gaz « moitié moins pesant que l'air », suivant l'expression même de Messieurs des États du Vivarais, qui n'étant pas physiciens ne pouvaient donner que des renseignements approximatifs. Il fallut l'expérience scientifique de Charles pour mettre quelques clartés dans ce chaos.

Charles était un physicien très populaire et très célèbre qui donnait en ce temps-là, dans une salle du Louvre, des leçons de physique très suivies, parce qu'il les transformait en véritables leçons de sciences expérimentales. Charles songea à utiliser l'hydrogène pour le gonflement des ballons.

Expérience d'Annonay.

Un chimiste français, Nicolas Temery, avait, vers la fin du XVIIᵉ siècle, découvert l'hydrogène et mis en lumière les propriétés inflammables de ce corps. Cavendish, en 1766, avait fait de ce gaz une étude beaucoup plus approfondie et constaté déjà qu'il pesait sept fois moins que l'air. (Il est en effet 14 fois et demi plus léger.) Le docteur Black, d'Erinbourg, puis Tiberius Cavallo, firent s'élever des bulles de savon remplies d'hydrogène vers 1782.

Charles se chargea du gonflement.

Charles ne douta pas qu'un globe en tissu léger ne dût s'enlever avec presque autant de facilité que les bulles de savon. Robert établit donc un globe en soie de 40 mètres cubes de capacité, qu'il recouvrit d'un produit imperméable. Charles se chargea du gonflement.

Il enferma du fer, de la limaille, dans un nombre suffisant de tonneaux sur lesquels il fit verser de l'eau chargée d'acide sulfurique ; mais il fallut trois jours, mille livres de fer et cinq cents livres d'acide, avec

On le transporta dans la nuit.

cette installation rudimentaire, pour parvenir à remplir l'aérostat. On transporta alors, sur une charrette, ce ballon tout gonflé au Champ-de-Mars, dans la nuit du 26 août, et le lendemain il s'élevait dans les airs à une altitude de 500 mètres environ, en présence d'une foule innombrable émue jusqu'aux larmes par cette merveille nouvelle.

Et pendant que le *Globe* — ainsi appela-t-on ce premier aérostat — s'élevait par delà les nues, les spectateurs se dispersèrent à regret.

Mais l'inexpérience des physiciens en la matière eut une curieuse conséquence : l'excès de pression du gaz sur celle de l'air extérieur fit éclater le ballon lorsqu'il parvint à 1.500 mètres d'altitude environ, et les épaves du *Globe* tombèrent à Gonesse, à environ 12 kilomètres de Paris. A demi dégonflé seulement, de sorte qu'à terre il paraissait s'agiter encore sous le souffle du vent comme un gigantesque monstre venu de quelque planète lointaine, il effara les braves gens occupés paisiblement aux travaux de leurs champs.

Sans perdre une minute en vaines réflexions, ils coururent se munir de faux, de fourches et appelèrent les autres habitants à leur secours. Ils finirent par investir l'aérostat, se livrant à de bruyantes démonstrations, dans l'espoir d'épouvanter le monstre.

Un paysan plus courageux que les autres, s'armant d'un vieux fusil, lâcha le coup, et plusieurs de ses compagnons, qui s'apprêtaient à fuir, ne furent pas peu surpris de s'apercevoir du résultat : la balle du fusil en élargissant la déchirure de l'aérostat, avait ouvert une issue suffisante pour que le reste du gaz pût s'échapper ; l'enveloppe était retombée flasque, inerte.

Nos paysans, devenus soudain très courageux, se précipitèrent sur le monstre vaincu, s'acharnant à le déchirer de leurs coups terribles, et en rien de temps l'enveloppe de soie, qui avait coûté tant de peine et

Ils finirent par investir l'aérostat.

d'argent à établir, était en loques, et les croquants, triomphants, crurent devoir pousser la cruauté des représailles jusqu'à promener l'épave attachée à la queue d'un cheval dans les rues du village et dans tout le pays environnant.

Cette aventure détermina du moins le gouvernement à instruire les masses ignorantes de la nouvelle découverte. Dans toutes les communes du royaume les gens furent informés, soit au prône, soit à son de trompe, de la nature des aérostats et des services qu'ils pouvaient être appelés à rendre dans la suite.

II

PILATRE DE ROZIER

Cependant l'expérience de Charles ne devait pas faire renoncer les frères Montgolfier à utiliser l'air chaud pour le lancement des ballons.

Le 19 septembre 1783, en présence du roi et d'une foule innombrable, à Versailles, Étienne Montgolfier lançait le premier aérostat emportant des voyageurs. Dans un panier de blanchisseuse en osier avaient été placés un mouton, un canard et un coq.

L'expérience était curieuse ; une seule protestation s'éleva du milieu de la foule plutôt amusée. C'était un tout jeune homme qui, ne pouvant admettre qu'on employât ainsi contre leur gré de telles victimes, s'offrait pour les remplacer dans une telle ascension. La montgolfière s'éleva bien haut, suivie par les badauds ; mais un fort coup de vent creva l'enveloppe, qui s'en alla choir dans le bois de Vaucresson, où l'attendaient les spectateurs du départ, parmi lesquels se trouvait le jeune protestataire de tout à l'heure.

Celui-ci n'était autre qu'un jeune professeur : Pilâtre de Rozier, né à Metz en 1756.

Il était à ce moment intendant du cabinet de physique de Monsieur (plus tard Louis XVIII), et il professait en même temps la chimie à l'Athénée royal fondé depuis 1784. Séduit par les expériences de Charles et de Montgolfier, il avait rêvé de s'élever dans les airs au moyen d'un de ces aérostats.

Montgolfier fit donc construire un magnifique ballon de 15 mètres de diamètre sur 23 mètres de hauteur et cubant 1.600 mètres cubes.

Un espace formant galerie d'un mètre de large était disposé autour de l'orifice; une balustrade en protégeait le pourtour. Les voyageurs pouvaient ainsi circuler dans leur cage d'osier et alimenter même le réchaud en fil de fer suspendu au centre et destiné à fournir l'air chauffé.

Ce fut dans les jardins de Réveillon, rue de Montreuil, au faubourg Saint-Antoine, que se firent les premières ascensions captives. Les 15, 17 et 19 octobre, Pilâtre de Rozier monta seul d'abord, puis accompagné du marquis d'Arlandes et de Girout de la Vilette; ils s'élevèrent à deux cents pieds, et le spectacle dont ils jouirent à ce moment leur fit souhaiter de tenter une ascension nouvelle, mais libre cette fois.

Cependant le roi hésitait à donner l'autorisation, redoutant quelque trouble sérieux à la suite des rassemblements qui ne manquaient de se former chaque fois qu'on lançait un aérostat, rassemblements qui pouvaient être plus animés et plus compacts, puisqu'il s'agissait d'une ascension en liberté.

Avaient été placés un mouton, un canard et un coq.

Enfin l'autorisation tant attendue se produisit ; l'ascension dut se faire hors Paris, au château de la Muette, au bois de Boulogne désigné pour l'expérience.

Le 21 novembre, à midi et demi, le ballon gonflé, la galerie avec ses voyageurs, leur provision de paille pour alimenter le foyer, s'élevèrent majestueusement dans les airs, dépassant les plus hautes cimes des arbres, tandis que d'en bas la foule enthousiasmée applaudissait les vaillants aéronautes.

« Nous sommes partis du jardin de la Muette, écrivait le marquis d'Arlandes à Faujas de Saint-Fond, dont nous avons déjà parlé. Nous sommes sortis à une heure cinquante-quatre minutes. La situation de la machine était telle que M. Pilâtre de Rozier était à l'ouest et moi à l'est ; l'aire du vent était à peu près nord-ouest.

« La machine, dit le public, s'est élevée avec majesté ; mais il me semble que peu de personnes se sont aperçues qu'au moment où elle a dépassé les charmilles, elle a fait un demi-tour sur elle-même ; par ce mouvement, M. Pilâtre s'est trouvé en avant de notre direction, et moi, par conséquent, en arrière. Je crois qu'il est à remarquer que, dès ce moment jusqu'à celui où nous sommes arrivés, nous avons conservé la même position par rapport à la ligne que nous avons parcourue.

« J'étais surpris du silence et du peu de mouvement que notre départ avait occasionnés parmi les spectateurs ; j'ai cru qu'étonnés, et peut-être effrayés de ce nouveau spectacle, ils avaient besoin d'être rassurés. Je saluai du bras avec assez peu de succès ; mais ayant tiré mon mouchoir, je l'agitai, et je m'aperçus alors d'un grand mouvement dans le jardin de la Muette. Il m'a semblé que les spectateurs qui étaient épars dans cette enceinte se réunissaient en une seule masse, et que par un mouvement involontaire, elle se portait pour nous suivre, vers le mur, qu'elle semblait regarder comme le seul obstacle qui nous séparait.

« C'est dans ce moment que M. Pilâtre me dit :

« — Vous ne faites rien et nous ne montons guère.

« — Pardon, lui répondis-je.

« Je mis une botte de paille ; je remuai un peu le feu, et je me retournai bien vite, mais je ne pus retrouver la Muette. Étonné, je jetai un regard sur le cours de la rivière : je la suis de l'œil ; enfin j'aperçois le confluent de l'Oise. Voilà donc Conflans ; et nommant les autres principaux coudes de la rivière par le nom des lieux les plus voisins, je dis Poissy, Saint-Germain, Saint-Denis, Sèvres; donc je suis encore à Passy ou à Chaillot ; en effet, je regardai par l'intérieur de la machine, et j'aperçus sous moi la Visitation de Chaillot.

« — Voilà la rivière, et nous baissons !

« — Eh bien ! mon cher ami, du feu.

« Et nous travaillâmes. Mais au lieu de traverser la rivière, comme semblait l'indiquer notre direction, qui nous portait sur les Invalides, nous longeâmes l'île des Cygnes, nous rentrâmes sur le principal lit de la rivière, et nous la remontâmes jusqu'au-dessus de la barrière de la Conférence. Je dis à mon compagnon :

« — Voilà une rivière qui est bien difficile à traverser.

« — Je le crois bien, me répondit-il, vous ne faites rien.

« — C'est que je ne suis pas aussi fort que vous...

« — Je remuai le réchaud, je saisis avec une fourche une botte de paille qui, sans doute trop serrée, prenait difficilement ; je la levai, la secouai au milieu de la flamme. L'instant d'après, je me sentis enlevé comme par-dessous les aisselles, et je dis à mon compagnon :

« — Pour cette fois, nous montons.

« — Oui, nous montons, me répondit-il, sorti de l'intérieur où il était allé sans doute pour faire quelques observations.

« Dans cet instant, j'entendis, vers le haut de la machine, un bruit qui me fit craindre qu'elle n'eût crevé. Je regardai, et je ne vis rien. Comme j'avais les yeux fixés au haut de la machine, j'éprouvai une secousse, et c'était alors la seule que j'eusse ressentie.

« La direction du mouvement était de haut en bas. Je dis alors :

« — Que faites-vous ? Est-ce que vous dansez ?

« — Je ne bouge pas.

« — Tant mieux, dis-je, c'est enfin un nouveau courant qui, j'espère, nous sortira de la rivière.

« En effet, je me tourne pour voir où nous étions, si je me trouvai entre l'École militaire et les Invalides,

Voilà la rivière, et nous baissons.

que nous avions dépassés d'environ quatre cents toises. M. Pilâtre me dit en même temps :

« — Nous sommes en plaine.

« — Oui, lui dis-je, nous cheminons enfin.

« — Travaillons, me dit-il, travaillons.

« J'entendis un nouveau bruit dans la machine, que je crus produit par la rupture d'une corde. Le nouvel avertissement me fit examiner avec attention l'intérieur de notre habitation. Je vis que la partie qui était tournée vers le sud était remplie de trous ronds, dont plusieurs étaient considérables. Je dis alors :

« — Il faut descendre.

« — Pourquoi ?

« — Regardez, dis-je.

« En même temps je pris mon éponge ; j'éteignis en même temps le peu de feu qui minait quelques-uns des trous que je pus atteindre ; mais m'étant aperçu qu'en appuyant pour essayer si le bas de la toile tenait bien au cercle qui l'entourait, elle s'en détachait très facilement, je répétai à mon compagnon :

« — Il faut descendre.

« Il regarda sous lui et me dit :

« — Nous sommes sur Paris.

« — N'importe, lui dis-je. Mais voyons, n'y a-t-il aucun danger pour vous ? Êtes-vous bien tenu ?

— Oui.

« J'examinai de mon côté, et je m'aperçus qu'il n'y avait rien à craindre. Je fis plus, je frappai de mon éponge les cordes principales qui étaient à ma portée ;

toutes résistèrent, il n'y eut que deux ficelles qui partirent. Je dis alors :

« — Nous pouvons traverser Paris.

« — Pendant cette opération, nous nous étions sensiblement rapprochés des toits ; nous faisons du feu et nous nous relevons avec la plus grande facilité. Je regarde sous moi, et je découvre les Missions étrangères. Il semblait que nous nous dirigions vers les tours de Saint-Sulpice, que je pouvais apercevoir par l'étendue du diamètre de notre ouverture. En nous relevant, un courant d'air nous fit quitter cette direction pour nous porter vers le sud. Je vis, sur ma gauche, une espèce de bois que je crus être le Luxembourg. Nous traversâmes le boulevard, et je m'écriai :

« — Pour le coup, pied à terre !

« Nous cessons le feu ; l'intrépide Pilâtre, qui ne perd point la tête et qui était en avant de notre direction, jugeant que nous donnions dans les moulins qui sont entre le petit Gentilly et le boulevard, m'avertit. Je jette une botte de paille en la secouant pour l'enflammer plus vivement ; nous nous relevons et un nouveau courant nous porte un peu sur la gauche. Le brave de Rozier me crie encore :

« — Gare les moulins.

« Mais mon coup d'œil fixé par le diamètre de l'ouverture me faisait juger plus sûrement de notre direction ; je vis que nous ne pouvions pas les rencontrer, et je lui dis :

« — Arrivons.

« L'instant d'après, je m'aperçus que je passais sur l'eau. Je crus que c'était encore la rivière ; mais arrivé à terre, je m'aperçus que c'était l'étang qui fait aller les machines de la manufacture de toiles peintes de MM. Brenier et compagnie.

« Nous nous sommes posés sur la butte aux Cailles, entre le moulin des Merveilles et le moulin Vieux, environ à cinquante toises de l'un et de l'autre.

« Au moment où nous étions près de terre, je me soulevai sur la galerie en y appuyant mes deux mains. Je sentis le haut de la machine presser faiblement ma tête ; je la repoussai et sautai hors de la galerie. En me retournant vers la machine, je crus la trouver pleine. Mais quel fut mon étonnement, elle était parfaitement vide et totalement aplatie.

« Je ne vois point M. Pilâtre ; je cours de son côté pour l'aider à se débarrasser de l'amas de toile qui le couvrait ; mais avant d'avoir tourné la machine, je l'aperçus sortant de dessous, en chemise, attendu qu'avant de descendre, il avait quitté sa redingote et l'avait mise dans son panier.

« Nous étions seuls, et pas assez forts pour renverser la galerie et retirer la paille qui était enflammée. Il s'agissait d'empêcher qu'elle ne mît le feu à la machine.

« Nous crûmes que le seul moyen d'éviter cet inconvénient était de déchirer la toile. M. Pilâtre prit un côté, moi l'autre ; en tirant violemment, nous découvrîmes le foyer.

« Du moment qu'elle fut délivrée de la toile qui empêchait la communication de l'air, la paille s'enflamma avec force.

« En secouant des paniers, nous jetons le feu sur celui qui avait transporté mon compagnon ; la paille qui y restait prend feu ; le peuple accourt, se saisit de la redingote de M. Pilâtre et se la partage. La garde survient; avec son aide, en dix minutes notre machine fut en sûreté, et une heure après elle était chez M. Réveillon où M. Montgolfier l'avait fait construire... »

Ce fut là la première expédition aéronautique. Charles et Robert devaient en tenter bientôt une seconde, non pas avec une montgolfière, mais avec un ballon gonflé d'hydrogène et muni d'une sorte de gondole retenue par un filet gigantesque qui enveloppait l'aérostat.

Charles avait bien établi, du premier coup, le type du ballon tel qu'il devait être dans la suite. Il l'avait même muni de cette fameuse soupape qui permettait de lâcher du gaz au moment du besoin et facilitait la descente des aéronautes.

Le 1er décembre de cette même année ils firent donc

cette ascension qui dura une heure et demie ; ils allèrent atterrir, sans le moindre accident, dans la plaine de Nesles.

Pilâtre de Rozier ne devait pas s'en tenir là pour son coup d'essai. A la suite de la mémorable ascension de la Muette, le roi lui avait accordé une pension de mille livres. Le 9 décembre 1783, il avait été en outre nommé, ainsi que le marquis d'Arlandes, associé surnuméraire à l'Académie des sciences de Paris.

A Lyon, le 19 janvier 1784, il exécuta une nouvelle ascension avec une montgolfière, le *Flesselles*. La construction de la machine avait été dirigée avec un soin particulier par Joseph Montgolfier lui-même. Il dirigeait du reste l'expédition aux côtés de Pilâtre et en compagnie du prince de Ligne, du comte de Dampierre, du comte de Laporte d'Anglefort, du comte de Laurenin et de M. Fontaine.

A 800 mètres d'altitude environ, le *Flesselles* eut son enveloppe déchirée sur une longueur de 15 mètres. La descente s'opérait avec une vitesse effrayante : le sang-froid de Pilâtre sauva d'une catastrophe les passagers qui n'étaient guère rassurés, et pour cause.

Le soir, au théâtre, le peuple de Lyon fit une ovation vraiment triomphale à ces hommes courageux qui avaient de si près vu la mort.

Dès lors, les ascensions se multiplièrent. Le 24 juin

1784, les mémoires de l'époque relatent la belle ascension que fit Pilâtre devant Louis XVI et Gustave III, roi de Suède.

Les aéronautes atteignirent une hauteur de 1.732 mètres d'après Pilâtre. Un moment ils se trouvèrent enveloppés de neige et éprouvèrent les souffrances qu'occasionnent les froids les plus rigoureux. Ayant mis du combustible dans le foyer, ils purent s'élever encore au-dessus de cette zone neigeuse et finirent par descendre dans le voisinage du château de Chantilly, où le prince de Condé leur fit un accueil vraiment princier.

Le roi doubla, après cette ascension, le chiffre de la pension de Pilâtre.

C'est à partir de ce moment que Pilâtre, tourmenté par le désir de traverser la Manche pour tomber en Angleterre se lia avec Romain, de Boulogne-sur-Mer.

Ce Romain était un ancien procureur qui, par un contrat synallagmatique du 17 septembre 1784, s'engagea à construire le ballon nécessaire pour cette traversée.

Le frère cadet de Romain était un physicien qui s'occupa à Paris même de ladite construction.

Le ballon fut ainsi envoyé de Paris à Boulogne avec les matières premières et les machines nécessaires à son gonflement. Il n'était plus question en effet d'une montgolfière pour ce voyage, mais d'une aéro-montgolfière, c'est-à-dire d'un ballon à gaz au-dessous duquel était placé un ballon à air chaud avec son foyer, ce qui a permis de faire cette remarque que Pilâtre avait en quelque sorte disposé un réchaud allumé sous un baril de poudre.

Pilâtre croyait donc, en combinant la montgolfière et le ballon de Charles, réaliser toutes les conditions suffisantes pour régler la marche de l'aérostat.

Le bruit fait autour de cette nouvelle combinaison fut considérable. Le ministre de Calonne souscrivit une subvention de 40.000 livres qui servirent de première mise de fonds dans la construction entreprise.

Les aéronautes arrivèrent avec leur aérostat à Boulogne le 21 décembre. Ils y furent fort mal accueillis par la population. Des envieux, des rivaux, ou simplement des courtisans jaloux de la faveur royale dont Pilâtre était l'objet, surexcitèrent à plaisir contre lui les passions les plus basses.

Pilâtre avait promis de faire son ascension le 1er janvier 1785 ; mais soit qu'il ne fût pas prêt, soit pour tous autres motifs sur lesquels les gazettes de l'époque font plutôt le silence, il ne partit pas et s'attarda en vaines préparations, voyant, le 7 janvier, le ballon de Blanchard parti de Douvres venir aborder à Boulogne.

En ville, les brocards allaient leur train : les mauvaises langues purent s'en donner à cœur joie, car ils ne cessèrent — et encore — que le 15 juin 1785, jour où de Rosier prit place dans l'aéro-montgolfière qui devait l'enlever.

Le marquis de Maisonfort vint, au moment de l'ascension, solliciter une place dans la nacelle. Il offrit même deux cents louis comme prix de son passage ; mais Pilâtre, un peu énervé, objecta qu'il n'était pas assez sûr de son ballon pour risquer ainsi la vie d'un volontaire.

Les longs mois d'inaction avaient en effet nui à la solidité de l'aérostat. Il suffit, pour en être convaincu, de lire le compte rendu de cette ascension périlleuse, dont il fut le témoin et dont il aurait certainement été la victime si Pilâtre, moins clairvoyant et moins consciencieux, avait accepté sa proposition avec les deux cents louis qui l'accompagnaient.

Cette relation avait été publiée le jour même dans le *Journal de Paris* :

« L'infortuné M. de Rozier se décida à remplir son ballon dans la nuit du mardi 14, pour partir à la pointe du jour. Les apprêts furent longs. Il se trouva à la machine plusieurs trous qu'il fallut raccommoder ; on fut obligé de remplacer la soupape, et l'aérostat ne fut aux deux tiers rempli qu'à dix heures du matin.

« Le vent changea, et nous restâmes toute la journée dans la crainte d'avoir fait une perte d'acide inutile et dans l'espoir incertain de recouvrer le vent si désiré. Il reparut sur la minuit; il faisait même vent frais, et les marins experts et nommés pour en décider nous annoncèrent qu'il ne pouvait être plus favorable. Nous nous remîmes à travailler avec ardeur, et en trois heures de temps, le ballon se trouva plein jusqu'aux cinq sixièmes. L'appareil de soixante-quatre tonneaux (pour la production de l'hydrogène) joua avec tout le succès possible.

« Vers les quatre heures, le vent parut moins bon ; les nuages chassaient nord-est du côté du lever du soleil. On lança alors un petit ballon de baudruche qui marqua d'abord le vent du sud-est, puis, trouvant un courant contraire, vint s'abattre sur la côte.

« Cet échec n'arrêta point les opérations, et bientôt la montgolfière fut placée sous l'aérostat.

« Vers les six heures, on lança un deuxième ballon qui fut en un instant perdu de vue. Il fallut avoir recours à un troisième courrier, qui indiqua la bonne route : alors le départ fut décidé, et trois coups de canon l'annoncèrent à toute la ville.

« Il est inutile de détailler les raisons qui m'ont empêché de monter dans la machine, puisque, depuis quelques jours, j'y étais destiné ; c'est au manque de diverses matières et aux mauvaises qualités de quelques-unes que je dois la vie.

« A sept heures sept minutes, tout se trouva prêt, la galerie attachée, chargée de combustibles, de provisions et des deux infortunés aéronautes, M. Pilâtre de Rosier et M. Romain. La rupture d'équilibre fut de trente livres, et l'aéro-montgolfière s'éleva majestueusement, faisant avec la terre un angle de 60 degrés. *La joie et la sécurité étaient peintes sur le visage des voyageurs aériens*, tandis qu'une inquiétude sombre semblait agiter les spectateurs : tout le monde était étonné et personne n'était satisfait.

« A deux cents pieds de hauteur, le vent du sud-est parut diriger la machine, et bientôt elle se trouva sur la mer. Différents courants, tels que le vent d'est, l'agitèrent alors pendant trois minutes, ce qui m'effraya beaucoup. Le vent de sud-ouest devint enfin dominant, et le globe, en s'éloignant de nous par une diagonale, regagna la côte de France.

« Dans ce moment sans doute, M. Pilâtre de Rozier, ainsi que nous en étions convenus ensemble, voulant descendre et chercher un courant plus favorable, se sera déterminé à tirer la soupape, qui, mal raccommodée et trop dure, aura exigé auparavant et des efforts et peut-être une secousse violente.

« C'est alors que le taffetas a crevé, que la soupape est retombée dans l'intérieur du globe, et que l'air inflammable tendant à s'élever et voulant sortir par l'issue de dix pouces qui venait de se faire, l'enveloppe pourrie par des essais inutiles et par un laps de temps considérable, a cédé, et s'est seulement déchirée, sans éclater ; car un paysan, éloigné de cent pas, n'a entendu, m'a-t-il dit, qu'un bruit très léger, tandis qu'une détonation totale devait en produire un très fort.

« J'ai vu, Monsieur, l'enveloppe de l'aérostat retomber sur la montgolfière. La machine entière m'a paru alors éprouver deux ou trois secousses ; et la chute s'est déterminée de la manière la plus violente et la plus rapide.

« Les deux malheureux voyageurs sont tombés et ont été trouvés fracassés dans la galerie et aux mêmes places qu'il occupaient à leur départ.

« Pilâtre de Rozier a été tué sur le coup, mais son infortuné compagnon a encore survécu dix minutes à cette chute affreuse : il n'a pas pu parler et n'a donné que de très légers signes de connaissance.

« J'ai vu, j'ai examiné la montgolfière, qui n'avait rien éprouvé de fâcheux, n'étant ni brûlée ni même déchirée ; le réchaud, encore au centre de la galerie, s'est trouvé fermé au moment de la chute.

« La machine pouvait être à environ mille sept cents pieds en l'air ; elle est tombée à cinq quarts de lieues de Boulogne et à trois cents pas des bords de la mer, vis-à-vis la tour de Croy. »

Il résulte de ce récit fidèle d'un témoin oculaire que, contrairement à des biographies moins précises, en l'occurrence Pilâtre ne mit point le feu à ses poudres et que l'enveloppe plutôt atteinte avait dû laisser fuir le gaz ; de là cette chute qui devait fatalement être plus

Les voyageurs furent trouvés fracassés.

dangereuse pour l'aéronaute que celle de Lyon, puisqu'ici le premier ballon retombant flasque sur la montgolfière devait fatalement en empêcher la moindre manœuvre.

C'est une grande leçon qui se dégage des fins pareilles à celle de Pilâtre de Rozier : elles montrent la grandeur de l'effort, dans cette lutte incessante de l'humanité contre les éléments qui nous environnent, et l'âpreté que l'homme a particulièrement apportée en ce XIXe siècle à la conquête des airs est un enseignement très haut. Théodore de Banville, parlant de cet espace infini dans lequel la terre roule plus minuscule qu'un atome de poussière, s'écrie, dans un de ces accès de lyrisme qui révèle bien le poète :

« C'est lui qui tient tout, et lui seul existe. C'est lui le spectacle, le personnage principal et tout le drame. Sous ce vaste déploiement de vie, de frissonnement et de lumière, les champs, les forêts, les buissons, les lacs et les rivières, jetés là comme des étoffes d'argent et des rubans d'argent, les maisons, les animaux, les hommes, ne sont que des accessoires très petits et d'un médiocre intérêt.

« Le ciel est tout, et seul reste divin ; car la main de l'homme peut anéantir, tourmenter, torturer, transfigurer tout le reste ; mais le ciel, non. L'homme Prométhée toujours en révolte peut percer les monts, exhausser les plaines, arracher les forêts comme des brins d'herbe, émietter les roches avec la dynamite, endiguer les torrents, tarir les fleuves, creuser des canaux qu'il gouverne, répandre dans les flots l'huile qui apaise la colère de l'Océan ; mais il n'a aucun moyen de contrarier le ciel et d'en faire disparaître la moindre parcelle. C'est en vain aussi qu'il voudra établir entre les choses terrestres et l'immensité aérienne une proportion raisonnable ; cela ne se peut, et ce qui est à nous sera et restera toujours petit comme nous.

« Nos batailles ne sont terribles, nos fêtes ne sont splendides, nos cataclysmes ne sont effrayants, que si on se force à ne pas regarder le ciel. Car dans ses plaines d'or, de fer, d'azur, de soufre, de pourpre enflammée, se heurtent des combats de dieux, se dressent des villes de lumière, s'écroulent des cavernes de pierreries dans des fleuves de cuivre en fusion ; mais si le ciel est vertigineusement varié, amusant, inouï, fantastique, triomphal, effrayant, caressant, mystérieux et tragique, il est surtout très grand. »

Et, c'est avec un renouveau de courage, après chaque tragique aventure, que de nouveaux et intrépides pionniers affrontent l'affreuse mort.

L'énumération des martyrs de l'aérostation serait beaucoup trop longue. Nous ne parlerons ni des Crocé Spinelli ni des Lhoste, ni même de l'explorateur Andrée, qui rêva naguère de faire en ballon la conquête du pôle. Il partit bien, mais jamais depuis on n'a retrouvé de lui et, malgré les recherches de plusieurs années, la moindre trace.

Force nous est de nous limiter dans un cadre si restreint, et d'un caractère plus général. La liste de ces martyrs du reste n'est point close, dans ce domaine de l'activité de l'homme, et nous pouvons compter qu'avec les nouvelles tentatives victorieuses de l'aviation, de nouveaux Icare, trahis peut-être par leurs ailes, iront, au cours de leur essor téméraire, briser leur vie dans une de ces morts violentes auxquelles on ne peut s'empêcher de songer sans frémir.

QUATRIÈME PARTIE

POUR LE VÊTEMENT

JACQUARD

I

UNE ENFANCE PÉNIBLE.

Jacquard était le fils d'un brave tisseur en étoffes brochées d'or et d'argent de Lyon.

Son père, Jean-Charles Jacquard, bon maître ouvrier, était né à Couson, à 50 kilomètres de Lyon environ, sur la rive droite de la Saône. Comme beaucoup de laboureurs qu'attire le mirage des villes, il avait, dans sa prime jeunesse, renoncé au travail des champs, autrement agréable que celui du canut lyonnais.

Jean-Charles Jacquard était donc volontairement

entré dans l'industrie, si pénible alors, de l'ouvrier en soieries. Il faudrait, pour bien comprendre les difficultés de cette existence ouvriere d'alors, se rendre compte d'abord du milieu malsain : rues bordées de hautes maisons, intérieurs obscurs et humides, logements étroits et misérables comme on les trouve encore beaucoup trop nombreux dans certains quartiers de la vieille cité rhodanienne. Il faudrait encore descendre aux conditions du travail lui-même.

Voyons d'abord ce qu'on entend par tissage. On désigne sous le nom de tissage l'art de croiser les fils de manière à créer un tissu.

Dans un tissu, l'une des rangées parallèles de fils se nomme la chaîne, l'autre rangée celle de trame du métier. La chaîne est tendue sur deux cylindres ; placés aux deux extrémités ; l'un de ces cylindres est appelé à recevoir la toile, l'autre, que l'on fait aller au moyen d'une manivelle, laisse se dérouler les fils. Ces fils sont répartis en deux séries, celle des rangs pairs et celle des rangs impairs.

Pour maintenir ces deux séries bien distinctes, on emploie deux lisses, ensemble de tringles métalliques très libres, remplacées souvent par des fils bien tendus verticalement entre deux baguettes. Les lisses, mises en mouvement par des pédales ou leviers peuvent, tour à tour monter un peu, puis redescendre ; et dans ce

Jacquard.

mouvement alternatif elles entraînent à tour de rôle, l'une des fils pairs, l'autre des fils impairs. Dans l'espace laissé de la sorte libre, court la navette dont l'élan donné par la main de l'ouvrier fait dévider le fil de la trame.

Pour les tissus unis, deux lisses seulement étaient nécessaires ; et, avec le battant, l'ouvrier serrait le fil sur le tissu ; mais, pour les étoffes brochées, cela ne pouvait suffire : il fallait des lisses supplémentaires ; et, tandis que dans ce cas l'ouvrier lançait la navette, des aides, en général des enfants, manœuvraient les lisses au moyen de ficelles qu'ils tiraient dans un ordre déterminé, d'où le nom de métier à la tire qu'on leur donnait.

En 1606, Claude Dagon inventa le métier à la grande tire ; celui-là s'employait encore au temps de Jacquard.

Le métier en lui-même était plutôt complexe ; il y avait tout un jeu de cordes et de poulies qui exigeaient un personnel spécial. Chaque fois qu'on voulait faire une étoffe nouvelle, il fallait détacher les cordes et remettre les fils de lacs dans l'ordre exigé par le dessin nouveau.

Il en résultait une grande perte de temps. Tandis qu'on travaillait au dispositif nouveau des cordes d'après le dessin à reproduire, le tisseur et les tireurs de lacs ne travaillaient plus ; c'était le chômage forcé durant cette opération.

Un artiste mécanicien, Lassalle, essaya de simplifier ce travail assez délicat: il imagina un système nouveau de crochets attachés à chacune des cordes, crochets qui s'engageaient dans autant de boucles, ce qui permettrait de préparer un dessin à part, tandis qu'on achevait d'en terminer un autre déjà en cours. De la sorte le chômage se trouvait réduit à sa plus simple expression. Ce système de l'accrochage permettait même de conserver en quelque sorte indéfiniment comme un cliché du dessin.

En 1687, deux Lyonnais, Galantier et Blache, inventèrent le métier *à la petite tire,* qui se multiplia et changea le régime du travail des tisseurs.

Il y avait encore la grande complication des nœuds et des cordes qu'on cherchait à éviter. Un chef d'atelier, Falion, chercha à remédier à cet inconvénient par un système très curieux de cartons perforés. Les trous, disposés d'une certaine façon, permettaient de réaliser le dessin sans recourir à l'inextricable réseau de nœuds et de cordes.

Vers 1748, Falion perfectionna son système en inventant la machine à lire et à perforer les cartons par le moyen d'un jeu d'emporte-pièces.

Mais ce mécanisme précieux resta trop longtemps

un secret de famille, et à Lyon il n'y eut jamais plus de cent de ces métiers.

En 1748 environ, Vaucanson, dont tout le monde connaît les merveilleux automates, Vaucanson essaya de supprimer les tireurs de lacs. Il s'appliqua à construire un métier qui se rapprochait du métier primitif des Chinois : il rendait, du coup, inutiles les cordes de rames, sample et cassin. Mais son mécanisme aurait eu grand besoin d'un caractère plus pratique qui en eût rendu l'emploi immédiat. D'un autre côté, il est très difficile de triompher aussi promptement de la routine, et la nouvelle machine, fort mal accueillie par les ouvriers lyonnais, habitués à l'équipage du sample, dut être abandonnée. Vaucanson la garda comme pièce de musée. Il avait fondé à l'hôtel de Mortagne, dans la rue de Charonne, un musée des machines où sa machine à tisser la soie figura jusqu'au jour où elle fut, avec toute la collection de l'illustre mécanicien, transportée au musée du Conservatoire des arts et métiers.

C'est là, qu'en 1803, Jacquard devait la retrouver, et l'étudier pour le perfectionnement même de son propre système.

On nous pardonnera cette digression un peu longue, mais nécessaire, en vérité, pour faire comprendre toute la portée de la découverte de Jacquard. Il nous reste maintenant à faire connaître le milieu.

Quand on va à Lyon, centre le plus important de la fabrication des soieries, on est frappé par le cantonnement tout spécial, en quelque sorte, des ouvriers de cette industrie dans le quartier de la Croix-Rousse. Il est vrai que, de nos jours, les ateliers de soieries ont débordé sur la ville et que, dans les maisons échelonnées sur le versant de la Grande-Côte notamment, les métiers remplissent de leur bruit la vie de tout ce coin de la cité.

C'est là que tout un peuple de canuts a longtemps traîné une existence misérable. Les canuts constituèrent, au XVIIIe siècle, et même au cours d'une partie du XIXe siècle, une race à part, malheureuse, quasi dégénérée, avec, sur leur visage, l'empreinte bien marquée de leur propre souffrance. Ils avaient la voix cassée, le teint hâve, les yeux ternes et vagues, les joues creuses, les membres grêles et souvent tordus, le corps déformé littéralement par l'accoutumance des positions nécessitées par le travail professionnel.

Nous avons pu déjà, par l'étude des divers systèmes de tissage, nous rendre compte des difficultés du métier. Il est plus difficile de s'imaginer toutes les rudes contorsions auxquelles un canut devait soumettre son corps. Selon, que l'exigeait son travail, il devait toute la journée, jeter ses jambes à droite et à gauche, allonger en crochets ses doigts qui lançaient la navette tandis que le tireur de lacs, le plus souvent un enfant, toute la journée, avec une attention soutenue au-dessus de son âge, tirait les cordes qui permettaient la réalisation du dessin à établir.

Que voulez-vous que devînt un pauvre être, plié à ce rude métier à l'âge même où s'ébattaient au grand soleil les camarades qui n'avaient pas eu le malheur de naître dans une maison de canuts ? Évidemment, il ne pouvait que dépérir, s'étioler et fournir à la société un malheureux dégénéré.

Cette situation lamentable devait frapper Jacquard et l'amener à l'invention de son métier, qui fut un bienfait pour tout ce peuple de vaillants travailleurs.

En tête de ce chapitre, nous avons brièvement rappelé les origines de Jacquard. Pour compléter, rappelons que sa mère, Antoinette Rive, était liseuse de dessins.

Comme la plupart des canuts de Lyon, les Jacquard travaillaient dans leur chambre; la femme aidait le mari dans la manœuvre de son métier, et tant que l'enfant ne put se tenir sur ses jambes, on put voir la courageuse mère continuer sa rude besogne avec le bébé dans les bras. Dès qu'il put, lui aussi, aider les siens, Jacquard, au lieu d'être envoyé à l'école, fut promu à la dignité de tireur de lacs. A huit ans, de l'aube au crépuscule, il s'acquitta assez courageusement de sa tâche, suivant d'un œil pensif le mouvement du mécanisme et s'attardant parfois, en un rêve imprécis qui amenait fatalement des distractions au sujet desquelles son père le tançait assez vertement.

Il manifesta même, dans sa prime enfance, un goût particulier pour la mécanique, puisque déjà, alors, dans ses rares moments de loisirs, il construisit très facilement d'ingénieuses petites machines qui émerveillèrent les siens ainsi que les gens du voisinage

Cependant le métier pesait sur les frêles épaules de l'enfant d'un bien rude poids : aussi, pour le sauver de la maladie, Charles Jacquard, son père, le plaça en apprentissage chez un relieur. Là, il apprit seul à lire, à écrire et à calculer. Mais, comme le relieur, son patron, l'envoyait souvent chez un fondeur de caractères, Jacquard y fut émerveillé par les diverses machines qu'il eut l'occasion d'y voir et il pria ses parents de le mettre dans ce dernier atelier.

Ici, encore, il ne perdit pas son temps ; il apprit plus encore les principes de la mécanique qui l'amenèrent à construire diverses *machines-outils*.

Un jour (1) qu'il causait avec un coutelier de ses amis, il observa qu'une lame de couteau passait par les mains de trois ou quatre ouvriers avant d'être adaptée au manche.

Cela le préoccupa.

(1) Voir Baudrillart.

— Que rêves-tu donc ainsi? lui demanda le coutelier.

— Tu le verras demain, répondit Jacquard.

Le lendemain matin, en effet, il apporta à la boutique, à son ami, le plan complet d'une machine qui faisait seule en cinq minutes l'ouvrage de quatre ouvriers en un jour. Le coutelier, trop pauvre pour l'exécuter, se contenta de l'admirer et de la garder dans son atelier comme un chef-d'œuvre.

Peu de temps après, ce modèle se trouva détruit, et personne ne put jamais dire si la malveillance fut ou non étrangère à ce méfait.

Né parmi le bruit des métiers de tissage, ayant encore dans l'oreille, avec le tic-tac monotone des battants, la chanson plaintive des canuts qui berça son enfance, Jacquard, même loin de la Croix-Rousse, ne pouvait empêcher sa pensée de retourner souvent au milieu des siens, et alors il ne rêvait que machines à tisser nouvelles, capables de diminuer les souffrances et la peine des malheureux ouvriers.

L'étude patiente de la mécanique devait lui permettre d'aboutir.

Malheureusement pour lui, comme s'en plaignait son patron, il était plus préoccupé d'inventions que de travail régulier et assidu à l'atelier. Aussi, malgré sa sobriété toute spartiate et sa conduite exemplaire, il ne put pourvoir toujours à ses besoins, si bien que son père, inquiet à son sujet, le rappela à Lyon pour continuer avec lui sa petite industrie. Dans ce milieu familial auquel il avait tant de fois songer chez les autres, Jacquard se préoccupa de réaliser son dessein.

II

LES MÉSAVENTURES D'UN INVENTEUR.

Jacquard revenait donc à sa première profession ; mais la mort entra dans la maison paternelle et vint lui ravir ses chers parents. Il avait à peine vingt ans quand sa mère mourut ; son père suivit de très près.

Le penseur s'était développé chez le jeune homme au cours de ces dernières années. Son âme s'attendrit aux misères de ses frères, les travailleurs. Il étudia à fond la situation morale et physique des ouvriers tisseurs ; et son cœur s'émut en voyant au prix de quels labeurs on parvenait à obtenir ces belles étoffes de soie.

S'il l'eût connue, il eût trouvé digne d'être appliquée à la détresse des canuts, cette parole terrible de Bourdaloue : « Riches, si l'on mettait sous pressoir vos vêtements, qu'en sortirait-il ? Le sang des pauvres ! »

Avec le peu de bien de ses parents dont il avait hérité, il songea à monter une petite fabrique de tissus façonnés. Il avait épousé Claudine Boichon, fille d'un armurier de Lyon, qui n'avait pas grand argent, mais qui possédait un caractère digne de lui, un cœur excellent, et qui fut, sa vie durant, la bonne compagne de Jacquard.

Pour être à la tête d'une industrie, il faut posséder certaines qualités qui faisaient complètement défaut à Jacquard. D'un autre côté, il se laissa tellement absorber par sa préoccupation d'inventeur, qu'il en oublia de diriger convenablement ses propres affaires.

Il faut croire que l'esprit pratique n'est pas le propre des inventeurs, car en cherchant le système capable de supprimer le *tireur de lacs*, il se ruina complètement.

Ses idées étaient donc la cause essentielle de son infortune. C'est à ce moment que les sarcasmes et les reproches des gens vinrent le poursuivre. Les uns le raillèrent de son insuccès ; d'autres, plus cruels, insultèrent plus directement à sa détresse.

— Avait-on l'idée d'une telle présomption ! Que ne restait-il comme ses pareils, simple canut ? L'orgueil, la soif de parvenir, rendent fous, etc., etc.

Ainsi discouraient ses voisins, les autres ouvriers qui le connaissaient. Seule, sa femme, au lieu de joindre ses récriminations à ces méchants propos, faisait tous ses efforts pour le consoler et le soutenir.

Jacquard, criblé de dettes, dut vendre même ses métiers pour se libérer. Il fut contraint, la mort dans l'âme, à se dépouiller de ses meubles, et l'héroïque femme, aussi honnête que son mari, n'hésita pas, pour compléter le sacrifice de son époux, à ajouter au produit des meubles celui de ses propres bijoux.

C'était la plus noire des détresses. C'est à ce moment que la naissance d'un fils vint aggraver leur situation. Il fallait avant tout un gîte et du pain aux deux êtres qui lui étaient si chers. Jacquard essaya vainement de s'employer comme ouvrier à Lyon même; partout on refusa ses offres de service; l'inventeur fut obligé de s'expatrier, obligé de quitter Lyon, de se séparer des siens pour les faire vivre.

Il trouva enfin à se placer comme chauffeur chez un chaufournier du Bugey ; tandis que sa femme entrait, à Lyon même, comme ouvrière, chez un fabricant de chapeaux de paille.

Jacquard, dans ses moments de loisirs assez nombreux, poursuivait ses recherches de métier. Quand il crut avoir trouvé, l'argent, la chose essentielle, lui fit défaut, ce qui l'empêcha de réaliser sa première conception.

On était en 1790; les esprits s'agitaient au souffle de la Révolution. Jacquard, comme tous ceux qui avaient souffert de l'injustice humaine, accueillit avec enthousiasme ces idées nouvelles qui lui permettaient d'espérer en un avenir meilleur ; mais comme des troubles éclataient de-çà de-là, il rentra à Lyon afin d'être auprès des siens si les nécessités de l'heure exigeaient sa protection.

Cependant, les événements se précipitèrent, les chômages ayant suivi, dans le tissage, le départ des émigrés, les canuts de Lyon, mécontents, et rendant l'état social nouveau responsable, prirent part au mouvement fédéraliste. Jacquard se trouva enrôlé dans cette armée du comte de Précy qui tint tête aux troupes de la Convention.

La ville rebelle fut vaincue après 60 jours de siège et Kellermann étant entré en vainqueur dans Lyon, à la tête de l'armée des Alpes, la ville prit le titre de Commune affranchie.

Jacquard, figurant sur les listes de répression de Couthon, eût probablement péri sur l'échafaud sans l'inspiration de son fils qui venait de s'engager, malgré ses 16 ans, comme volontaire, dans un bataillon de Rhône et Loire.

Muni d'une feuille de route et d'un fusil, Jacquard aux côtés de son fils se trouva bientôt, sous un nom supposé, à la frontière, à l'armée du Rhin. A l'armée encore, dans le silence de la nuit, devant les feux du bivouac, l'inventeur travaillait à sa découverte.

Un grand malheur devait l'atteindre en octobre 1795. Au cours d'un combat, son fils, atteint d'une balle, expira dans ses bras.

La douleur du père fut infinie.

Pendant quelques mois, il languit à la suite des

Statue de Kellermann, qui triompha de la révolte des Lyonnais.

troupes, traînant sa peine dans les hôpitaux, si bien qu'il obtint son congé et par petites étapes regagna sa ville natale.

Leur vieux quartier était en ruines ; la maison qu'il avait habitée dans les derniers temps avait été incendiée. Vainement, il demanda autour de lui des nouvelles de sa femme : aucun de ceux qu'il interrogea ne put lui en fournir. Nouvelle peine à ajouter aux peines passées. Pourtant ses recherches persévérantes finirent par aboutir. Un jour qu'il traversait un faubourg, il reconnut sa compagne occupée à tendre le linge d'une blanchisseuse : c'était là un supplément de travail qu'elle s'accordait pour joindre les deux bouts.

Suivons les deux pauvres époux dans ce galetas minable où elle continue son travail de tresseuse de paille. Dans leurs pleurs, dans leurs sanglots, il y a à la fois de la joie et de la douleur : joie de s'être enfin retrouvés après tant d'épreuves, douleur de la perte irréparable qui les atteignait dans leur amour même.

C'est en même temps leur enfant, leur jeunesse, leurs espérances suprêmes que pleurent ainsi ces deux époux vaincus par la destinée, brisés par le malheur.

Jacquard ne pouvait songer à reprendre son métier de tisseur ; il y avait, en ce temps-là, trop de canuts sans ouvrage. Ne pouvant mieux faire, il partagea le travail de sa femme en attendant que Lyon, renaissant de ses ruines, retrouvât pour son industrie favorite son activité d'autrefois.

Dans cette fabrication des tresses de chapeau, Jacquard trouva encore le moyen de révéler son ingéniosité : il put fabriquer un métier à tresser mécaniquement la paille.

Quand il avait quelques loisirs, Jacquard reprenait, sans jamais se lasser, ses études. Avec son couteau il remaniait les pièces démontées d'un vieux métier, et essayait de donner corps à son rêve. Avec l'aide de matériaux grossiers et d'outils bien imparfaits, il réussit à mettre sur pied sa machine.

On était vers 1800. C'est alors que Jacquard perdit sa chère femme. Elle avait été pour lui la pieuse compagne, l'incarnation du dévouement, le réconfort suprême qui ne l'abandonna jamais aux heures les plus douloureuses et qui garda, en son génie, l'admirable foi, laquelle soutint, au milieu de ses misères, le grand inventeur.

A 43 ans, Jacquard pouvait dire qu'il n'avait connu de l'existence que les pires douleurs. Ouvrier, il avait eu contre lui la fatalité qui ne pardonne pas aux pauvres gens ; père, il avait vu son fils tué sous ses yeux ; époux, il perdait enfin son épouse bien-aimée sans avoir pu lui donner la vie paisible, le calme du repos qu'il souhaitait pour elle. Il n'était malheureusement pas encore parvenu au terme de ses misères ; il lui fallait encore gravir, après Palissy, en même temps que son contemporain Jouffroy d'Abans, ce rude calvaire des hommes de génie dont les bienfaits ne sauraient être appréciés par les foules ignorantes.

III

LES DIFFICULTÉS DE FAIRE CONNAITRE UNE INVENTION.

En 1801, s'ouvrit à Paris, au Louvre, une exposition nationale des produits de l'industrie. Il fallut à Jacquard son ordinaire persévérance, accompagnée, cette fois, de privations nouvelles, pour voir son invention figurer dans cette exposition.

Quel était le jury chargé d'apprécier cette nouvelle machine ? Nous l'ignorons ; mais nous constatons avec étonnement son défaut de clairvoyance puisqu'il ne sut pas voir que ce métier allait révolutionner l'industrie du tissage, et qu'il lui donna une médaille de bronze, mentionnant ainsi dédaigneusement dans son rapport : « Une médaille de bronze est accordée à M. Jacquard, inventeur d'un mécanisme qui supprime un ouvrier dans la fabrication des tissus brochés. »

Le 23 décembre 1801, il obtenait un brevet d'invention pour dix ans.

Quelques manufacturiers firent bon accueil à l'invention et montèrent même quelques métiers. Mais comme ceux-ci supprimaient un certain nombre d'ouvriers, de sourdes rumeurs se répandirent parmi la population des canuts : aussi n'osa-t-on guère généraliser encore l'emploi des métiers Jacquard, par crainte de cette effervescence qu'on sentait prête à éclater.

Vers cette époque, ayant lu, dans un journal, qu'une société de Londres offrait un prix considérable pour la construction d'un métier à fabriquer les filets, Jacquard se mit, par passe-temps, à la recherche de la fameuse machine. Il parvint à la trouver, fit des filets et, comme toujours, homme peu pratique, il ne songea pas un instant à tirer le moindre parti de sa découverte ; il négligea même de faire savoir aux organisateurs du concours qu'il avait réussi, là où tant de chercheurs avaient échoué.

Au cours d'une visite, un ami fort au courant des aptitudes mécaniques de Jacquard lui dit :

— Je viens de lire un article de journal où il est question d'un concours organisé par les Anglais en vue d'une machine à tisser les filets. Vous devriez concourir...

— Peuh ! dit Jacquard, en tirant de sa poche un morceau de filet ; c'est déjà trouvé. Tenez, voici justement ce que j'ai réussi à faire avec une machine de mon invention.

L'ami admira le produit, et n'en dit pas davantage sur ses intentions ; mais il trouva le moyen de prévenir le préfet du Rhône de la découverte de Jacquard. Celui-ci n'y pensait même plus, lorsqu'il reçut l'invitation de se rendre immédiatement à la préfecture.

L'accueil du préfet fut fort aimable. Il parla à Jacquard de ses travaux, de son métier à fabriquer les filets et lui exprima son étonnement de ce qu'un homme de sa valeur fût resté jusque-là dans l'ombre.

Comme s'il eût été responsable de cette position précaire, Jacquard s'en excusa du mieux qu'il put, surpris de voir un préfet si bien instruit des choses de sa vie. Il se demanda même, en ce temps où l'Anglais était considéré comme le grand ennemi de la patrie, si un projet, comme celui de la machine à tisser les filets, inspirée par les Anglais, ne lui vaudrait pas quelque suspicion de la part des pouvoirs publics : aussi ne répondait-il que par des réticences aux questions du préfet.

A la fin, celui-ci, impatienté, brusqua le mouvement :

— Voyons! avez-vous, oui ou non, inventé une machine pour fabriquer mécaniquement les filets?

— Je l'avoue, Monsieur le préfet, répondit humblement Jacquard, comme s'il eût confessé un crime de lèse-patrie.

— Bien ! s'exclama le préfet; vous êtes bien l'homme que je cherche, et je dois vous informer en outre que j'ai l'ordre d'envoyer votre machine à Paris.

— Mais je l'ai démolie, répondit l'inventeur ; cependant je puis vous dire qu'il ne me sera nullement difficile de la constituer promptement. Dans quelques jours elle sera en état de vous être présentée.

Quelques jours plus tard, en effet, Jacquard retournait à la préfecture avec sa machine où un filet était en train, à moitié fait déjà. Le préfet voulut non seulement voir fonctionner le mécanisme, mais il demanda encore des détails sur sa construction ; et pour le satisfaire, il fallut le mettre en état de faire quelques mailles.

Jacquard, avec beaucoup de patience, guida le fonctionnaire qui vit avec une joie enfantine plusieurs mailles, fort régulières, s'ajouter à celles qui existaient déjà.

— C'est parfait ! s'écria-t-il. Eh bien ! Monsieur Jacquard, maintenant il s'agit de vous rendre à Paris avec votre machine.

— A Paris, moi ! s'exclama Jacquard ; mais je ne suis pas assez riche pour quitter ainsi mon travail et m'embarquer pour un tel voyage.

— Ce n'est pas là une raison sérieuse, objecta le préfet ; je mets à votre disposition les fonds disponibles de la préfecture, et vous ne pouvez refuser d'obéir à un ordre du premier consul.

Jacquard dut s'exécuter ; la chronique du temps

rapporte qu'il partit en compagnie de deux gendarmes chargés de veiller sur la machine aussi bien que sur la personne de l'inventeur.

Dès son arrivée à Paris, Jacquard fut introduit dans une salle basse du Conservatoire des arts et métiers. Deux personnages l'y attendaient. L'un d'eux, au visage austère, l'apostropha rudement :

— Est-ce toi, dit-il, qui prétends réussir une chose impossible pour les hommes ? Comment ! tu pourrais avec ta machine faire un nœud sur une corde tendue ?

Jacquard ne resta pas longtemps déconcerté. L'homme qui lui parlait ainsi était le ministre Carnot. Peu tendre pour les charlatans, ne comprenant rien au métier de Jacquard, il était plein de méfiance à l'égard de ce dernier.

Pour toute réponse, Jacquard fit jouer son mécanisme et prouva qu'il avait vaincu la difficulté.

Il n'y avait plus moyen de douter. Carnot dut reconnaître la précision du modèle ; et Bonaparte, le second personnage, qui jusqu'alors n'avait rien dit, lui parla avec beaucoup de bienveillance et l'assura de sa protection.

Bonaparte vit tout de suite le parti admirable qu'une nation industrielle pourrait tirer d'un homme aussi bien organisé que Jacquard, et prévoyant que si on laissait partir l'inventeur lyonnais en Angleterre,

L'un d'eux, Lazare Carnot, avait le visage austère.

jamais plus celle-ci ne rendrait au continent cet homme de génie, il attacha Jacquard au Conservatoire des arts et métiers. Sous les ordres du directeur d'alors, M. de Molard, il fut chargé de l'entretien et de la restauration de certaines machines modèles concernant le tissage.

Ayant désormais la vie matérielle assurée, grâce à un traitement annuel de trois mille francs, il put tranquillement travailler à ses recherches personnelles. Il inventa coup sur coup des métiers tisseurs pour fabriquer les rubans de velours à double face, et d'autres machines pour les tissus de coton à doubles et triples navettes.

Ayant appris qu'un châle magnifique, destiné à l'impératrice Joséphine (car nous voici aux premiers jours de l'Empire) exigeait l'emploi de machines compliquées, dépassant le prix de 25.000 francs, Jacquard n'eut trêve ni paix avant d'avoir réalisé un mécanisme simple et moins onéreux, qu'on pût appliquer à la fabrication des châles.

Entre temps, Jacquard avait eu l'occasion d'étudier le métier construit en 1745 par Vaucanson. Il comprit les défauts du système. La machine, très compliquée, opérait lentement, et du reste son jeu de serinettes, dont les effets étaient trop restreints ne pouvait servir que pour des dessins de deux pouces au plus.

Comme il eût fallu environ dix mille francs pour les réparations, Jacquard préféra perfectionner son propre système en introduisant dans la pratique la manœuvre combinée du cylindre et des aiguilles imaginée par Vaucanson.

Nous ne nous attarderons pas à décrire le métier perfectionné de Jacquard ; il nous suffira de dire que, dans ce métier, le tisseur était averti de la couleur de la navette qu'il fallait lancer, et que le fil de soie venait automatiquement se présenter à la place qu'il devait occuper dans le tissu.

Ces perfectionnements valurent à Jacquard, en 1804, la médaille d'or, grand module, de la Société d'encouragement. En 1805, un décret impérial, du 25 germinal, an XIII, attribue une prime de 50 francs pour chaque métier perfectionné livré par l'inventeur à l'industrie, tandis qu'un décret, daté de Berlin du 27 octobre 1806, octroyait à Jacquard une pension personnelle de trois mille écus.

Nous retrouvons Jacquard à Lyon à cette date de 1806. Désormais, il peut travailler en toute sécurité. Placé à l'hospice de l'Antiquaille, pour y diriger les ateliers d'étoffes façonnées, il y trouve assez de loisirs pour réaliser les perfectionnements qu'il a en tête.

Il entre en relations suivies avec les grands fabricants de Lyon, Pernon et les frères Grand, qui s'intéressent vivement à ses études ; il s'associe avec le mécanicien, Breton dont les connaissances scientifiques lui furent, en l'occurrence, des plus précieuses, et grâce à cette collaboration, on pouvait, en 1807, voir fonctionnant régulièrement, dans l'atelier Imbert, le premier métier à la Jacquard. La Société d'encouragement, voulant donner une sanction tangible à cet effort, accorda à Jacquard une nouvelle prime de 3.000 francs.

Il semble que l'invention de Jacquard eût dû trouver auprès de ses compatriotes l'accueil qu'il était en droit d'attendre, après cette protection quasi officielle qui lui avait été donnée. La reconnaissance publique devait se faire plus longtemps attendre.

En effet, un problème économique très grave allait se poser. Pour nous rendre bien compte des difficultés de la question, il nous suffit de parcourir les feuillets suivants que Jacquard a lui-même écrits sur sa machine.

Cette description de son métier, l'énumération même des avantages qu'il présente d'une façon lumineuse nous induisent en réflexions d'ordre tout particulier :

« En me vouant aux fabriques de Lyon, j'ai dirigé vers les machines qu'elles emploient tous les efforts de mon zèle et les ressources de mon talent, abandonnant ainsi des projets et des plans de mécaniques appliquées à d'autres objets qui auraient pu avoir pour moi des résultats honorables et lucratifs.

« C'est en l'année 1809 que j'ai commencé l'étude difficile et compliquée de toutes les différentes espèces de tissus. J'ai reconnu qu'ils avaient tous le même principe, et je l'ai prouvé en les faisant tous exécuter par une seule machine. Au moyen de cette mécanique qui porte mon nom, on n'a plus besoin de cette quantité d'outils, de tous ces accessoires discordants, sujets à se déranger à chaque instant, qui rendaient le travail dur et pénible ; on a supprimé ce grand nombre de marches qui estropiaient les ouvriers et leur déformaient les jambes, surtout dans la passementerie ; une seule pédale, le tireur de lacs est une infinité de cordages qui occasionnaient une grande perte de temps, toutes les fois que l'on voulait renouveler un dessin ou changer la disposition de l'étoffe. En effet, pour opérer ce changement, il fallait préparer des cordes dispendieuses afin de remplacer les mauvaises et en augmenter le nombre ; il fallait une quantité considérable de lisses de fonds, de rabas, de liages, de ligatures, etc.

Il fallait appeler, pour préparer le métier, des personnes étrangères à l'atelier, telles que *l'appareilleuse, la remêteuse, la liseuse de dessins, la fileuse de lacs*, et souvent *le monteur de métier* ; tous ces ouvriers que l'on nourrissait et payait grassement se faisaient attendre souvent, étant occupés ailleurs. Il en résultait, pour le chef d'atelier, un grand détriment parce que dans ces intervalles l'ouvrier et le tireur dont le métier était dérangé restaient sans rien faire.

« La machine que j'ai créée est simple, ne coûte point d'entretien, ne demande qu'à être tenue propre, à l'abri de la rouille et de la poussière. Tous les cordages étant supprimés, ainsi que les lisses, les marches et le tireur de lacs, l'ouvrier ne perd plus de temps pour monter son métier ; on lui donne le dessin tout lu ; il n'a qu'à jeter sur le carré de sa mécanique ; il se met sur-le-champ à l'ouvrage, et son travail, qui était autrefois si pénible, est maintenant si léger qu'il peut être exécuté par des femmes : aussi en voit-on un très grand nombre dans les ateliers au moment actuel, tandis qu'il n'y en avait presque pas avant l'invention de ma machine. Ce n'est pas tout ; l'étoffe se fait avec célérité et perfection, les dessins se découpent par fil de sa chaîne, et les découpures sont imperceptibles et fondues comme dans la peinture ; les fautes des tissages sont faciles à réparer ; des trous manqués l'un pour l'autre ne s'aperçoivent pas ; ce n'est pas comme dans les anciens métiers, où une corde cassée, dépassée ou mal passée, au sample, au rang ou aux arcades, donnait lieu à des fautes graves qui s'étendaient le long du dessin et que l'on réparait difficilement. La fabrication n'est pas seulement plus correcte ; elle est aussi plus expéditive. Voilà pourquoi cette étoffe, qui coûtait jadis de façon 3 francs l'aune, ne coûte que 18 à 20 sols ; encore les matières premières sont-elles, au moment actuel, moins avantageuses à l'ouvrier qu'autrefois.

« Au reste, les procédés que j'ai inventés ont été adoptés dans la plupart des manufactures, et cela seul ne prouve-t-il pas suffisamment leur utilité ?

« Pour faire jouir mes fabriques de tous les avantages de ma machine, j'ai fait, sans le secours de personne, les frais des épreuves et des échantillons de tissus qui étaient inconnus ou qu'on ne faisait pas à Lyon, tels que le tapis de pied, les tapis pour meubles, les Gobelins, les étoffes de crin à grands dessins, les mousselines façonnées, brochées, nuancées et à jour, les étoffes en laine, les toiles damassées, les galons en dorure et en soie, enfin les rubans façonnés, et je me suis joint à Messieurs les fabricants pour faire des étoffes de soie dans tous les genres.

« Tandis que je me livrais aux recherches les plus abstraites et que je calculais les forces de leviers et la résistance des frottements, tandis que je créais mes plans et que je traçais mes pièces, les ouvriers que j'étais forcé d'employer mettaient à exécution pour leur propre compte les modèles que je leur fournissais, ils devenaient plus riches, et je suis resté dans ma très modique fortune : je ne m'en plains pas ; il me suffit d'avoir été utile à mes concitoyens et d'avoir mérité quelque part à leur estime. »

L'orsqu'un vrai génie apparaît dans le monde, a dit Swift, vous le reconnaissez à ce signe que les sots sont toujours ligués contre lui.

Ici, il faut bien le reconnaître, contre l'homme de génie se dressèrent non seulement les sots, les ignorants, mais encore les canuts lyonnais, toute la Croix-Rousse qui vit, dans l'ancien compagnon Jacquard, la cause d'un malaise économique fatal.

Notez bien que Lamartine, qui n'était ni un sot ni un ignorant, mais qui regardait la vie en poète, a pu écrire quelque part : « L'inventeur, qui est un bienfaiteur à distance, est un ennemi de près... Celui qui a inventé la première machine à filer le coton ou la laine a tué plus de monde qu'une épidémie. » Cette étrange accusation, qu'on est surpris de trouver sous la plume du grand poète des *Méditations*, a été formulée sous d'autres formes par des gens moins instruits, qui ne comprennent pas encore que la multiplication des machines, réduisant l'effort physique du travailleur, améliore sa situation matérielle, partant morale, et finit par faire de l'homme, suivant l'expression de Flammarion, le directeur intelligent des moteurs matériels.

Comme Jacquard nous le dit lui-même, en remplaçant le métier à la tire par son métier à lui, il supprimait complètement trois ouvriers et deux ouvrières sur six ouvriers qu'il fallait pour le premier. Une seule personne suffisait pour le sien.

Si l'avantage devenait énorme pour le fabricant, il est certain que, par suite de cette économie de main-d'œuvre qui devait ruiner la concurrence étrangère, augmenter la consommation générale, quelques milliers d'hommes, de femmes et d'enfants sans emploi allaient se trouver sur le pavé.

Pour ces malheureux privés momentanément de travail, ce serait sans doute la plus affreuse détresse, la faim peut-être, car on avait déjà vu, dans le passé, l'incurie des patrons jeter, sans aucun souci des suites, quantité de pauvres gens à la rue pour remplacer leurs bras par la machine plus rémunératrice. Ainsi raisonnaient les canuts de Lyon à la veille de la révolution industrielle que préparait l'invention de Jacquard.

Un véritable soulèvement des gens de la Croix-Rousse se produisit à Lyon même.

Ce malheureux Jacquard qui, sa vie durant, n'avait connu que le labeur obstiné, qui avait vécu plutôt misérable parmi ses compagnons de travail, fut accusé par ceux-ci de projets fratricides. On cria dans les rues, dans les réunions, que cet ouvrier avait trahi la cause ouvrière au profit des patrons, et finalement, après mille avanies dont il fut la victime, il fut déféré au Conseil des prud'hommes.

Certains biographes prétendent que ce Conseil n'existait pas encore à Lyon. D'autres racontent que ledit Conseil renvoya Jacquard absous, ce qui ne faisait point l'affaire des émeutiers.

Non seulement ils refusèrent de travailler dans les ateliers où étaient utilisés les métiers de Jacquard, mais ils en voulurent aux jours mêmes de l'inventeur.

Un jour, près de la porte Saint-Clair, Jacquard fut assailli par une bande de canuts qui se jetèrent sur lui avec des cris injurieux, des menaces, et l'entraînèrent vers le Rhône avec l'intention bien nette de le noyer.

On eut toutes les peines du monde à arracher l'inventeur aux mains criminelles qui voulaient le martyriser. Le pauvre homme pleurait, non sur ses propres misères, mais sur l'ignorance de ces hommes qui ne savaient pas prévoir la portée du service qu'il avait voulu leur rendre dans son dévouement à leur cause.

Pour calmer cette exaspération ouvrière, le Conseil des prud'hommes crut devoir ordonner l'anéantissement, en place publique, du métier Jacquard.

Sur la place des Terreaux, Jacquard vit sa création mise en pièces par une populace sauvage, qui poussait des cris de joie chaque fois qu'une pièce tombait sous le marteau du démolisseur.

Une fois de plus, la routine et l'ignorance avaient raison d'un effort puissant de tant d'études entreprises si vaillamment et poursuivies sans relâche à travers mille misères pour réaliser un nouveau progrès.

Malgré tout, l'élan était donné : les frères Grand luttèrent pendant quatre ans contre leur personnel pour arriver à remplacer tous leurs métiers par le métier Jacquard. En 1812, la seule ville de Lyon comptait dix-huit mille métiers nouveaux.

Le nom de Jacquard avait grandi ; la renommée au loin avait porté le récit de ses exploits. Un fabricant de Rouen fit au vaillant inventeur des propositions princières pour l'engager à transporter son industrie dans cette ville et y diriger un établissement de fabrication de tapisserie et autres tissus.

A Elberfeld, des manufacturiers allemands installèrent des métiers à la Jacquard et les résultats qu'ils obtinrent furent tels que le gouvernement prussien leur octroya, à titre de récompense, une terre de dix mille francs de revenus.

En 1825, les fabricants anglais devaient faire, auprès du gouvernement français, des démarches pour obtenir l'exportation de cinq cents métiers à la Jacquard.

* * *

Nous voici au 17 décembre 1819 : Lyon est en fête !

Toute la population de la Croix-Rousse et de la Grande-Côte, endimanchée, se presse aux abords de la maison commune, malgré le brouillard et le froid.

L'hôtel de ville est pavoisé comme aux grands jours. Dans la grande salle, le baron Rambaud, maire de la ville de Lyon, remet à Jacquard, en même temps que la médaille d'or que lui ont value ses inventions à l'exposition de 1819, la croix de la Légion d'honneur qu'un décret royal du 17 novembre 1819 vient de lui attribuer. Et les paroles élogieuses du maire, exaltant la vie courageuse du glorieux ouvrier, sont saluées de vivats enthousiastes, d'applaudissements chaleureux par cette même foule qui, treize ans plus tôt, le menaçait de mort.

Jacquard avait alors soixante-sept ans.

Un peu tard, peut-être, avait sonné pour lui l'heure de la justice immanente ; mais elle était venue cependant assez tôt pour montrer au pauvre grand homme que sa persévérance et son travail n'avaient pas été vains.

Jacquard s'était retiré à Oullins, à la suite de la tourmente qui avait failli emporter son invention. Là, au bord du Rhône, il vécut modestement jusqu'en 1836, soigné par sa vieille et fidèle servante Antoinette qui, depuis 1793, avait été l'amie de sa pauvre femme et qui leur était restée toujours dévouée, malgré leurs misères et leurs malheurs.

Sa maison était devenue, à son insu, un lieu de pèlerinage pour les touristes, et les touristes anglais en particulier. Il les accueillait avec bonté ; mais les fils de la vieille Albion l'ennuyaient plutôt avec leur amour immodéré des autographes. Il avait peine à comprendre leur importunité

— En vérité, avouait naïvement le bonhomme, ces Anglais sont bien curieux ! Que leur importe que je sache ou que je ne sache pas écrire ?

Jacquard avait été désigné pour faire partie du Conseil municipal d'Oullins. Il fit tous ses efforts pour développer l'instruction dans cette petite campagne.

Il visitait lui-même les écoles, s'intéressait aux travaux et aux progrès des élèves et la plus grande récompense pour ceux-ci était les bons moments qu'ils pouvaient passer auprès de Jacquard, surtout dans sa maison où l'on voyait tant « de jolies petites mécaniques ».

L'année même de sa mort, la ville de Lyon avait fait peindre pour son hôtel de ville, par Bonnefond, le portrait de Jacquard. En 1840, la statue en bronze du célèbre ouvrier, due au ciseau de Foyatier, était dressée par la reconnaissance des Lyonnais, sur la place de Sathonay.

Les bronzes les plus beaux seraient une expression

froide du souvenir des grands hommes comme Jacquard. Dans nos cœurs, au fond de notre pensée de travailleurs, nous garderons fidèlement la mémoire de ce laborieux qui donna au monde le plus bel exemple de courage, de persévérance et d'abnégation.

CONCLUSION

Enfants, j'aurais voulu ajouter, à ces pages, d'autres pages de vie non moins intéressantes et non moins douloureuses ; aux noms de ces héros dont je vous ai conté le rude labeur, j'aurais voulu joindre d'autres noms de héros ; mais le cadre de ce petit livre est trop limité pour contenir le récit de tant d'existences glorieuses. Il m'eût fallu pouvoir vous conter la vie de Crompton, l'ouvrier anglais inventeur (malheureux lui aussi) de machines à filer le lin, le coton, de métiers à tisser les mousselines. Dans un autre domaine, je vous aurais dit la persévérance d'André Vésale, qui vécut au temps de la Renaissance et s'exposa à mille dangers afin de pouvoir étudier l'anatomie du corps humain. Il eût été peut-être nécessaire de vous rappeler aussi la lamentable fin de Philippe Lebon, qui découvrit le gaz d'éclairage et qui périt assassiné en plein Paris. Je n'aurais eu garde surtout d'omettre cette autre mort héroïque de Bichat, jeune médecin savant qui périt victime de son dévouement à la science. De combien d'autres n'aurais-je pu ainsi retracer le courageux effort et la douloureuse vie!

Ne pouvant résumer ici ces belles existences, je vais vous raconter un petit fait absolument authentique et qui se rapporte à Jacquard.

Il y a quelques années, un professeur français, Charles Richet, se trouvait, pendant ses vacances, dans un village d'Allemagne habité par toute une population de tisserands.

L'un de ceux-ci, vieillard très sympathique, s'était pris d'amitié pour le professeur, qu'il accompagnait assez souvent dans ses promenades. Au cours de l'une d'elles, ils parvinrent devant une sorte de tumulus et, sur une pierre tombale, le professeur parvint à déchiffrer cette inscription :

« Ici, moururent 300 citoyens saxons qui furent tués par les Français en défendant l'indépendance de leur patrie. »

Après avoir lu ces lignes, M. Richet ne put s'empêcher de demander au vieux tisserand :

— Vous devez bien nous détester ?

— Pourquoi donc, Monsieur ?

— Pour le mal que nous vous avons fait.

— Vous nous avez fait beaucoup de bien aussi.

— Comment cela ?

Au lieu de répondre tout de suite, le vieux tisserand ouvrit le col de sa chemise et montra une médaille retenue à son cou par une chaînette.

— Vous voyez cette médaille, dit-il. C'est celle de votre compatriote Jacquard qui a inventé le métier à tisser la soie. Nous la portons tous ici, car c'est grâce à lui que nous pouvons gagner notre vie et élever nos enfants.

Ainsi donc, c'est au modeste canut de Lyon que va, encore de nos jours, la reconnaissance de ces ouvriers étrangers à notre pays.

Cette gloire du travail vaut bien celle de tous les conquérants. Elle doit rester pour nous l'enseignement puissant, comme la loi de l'humanité qu'a traduite le poète (1) quand il nous dit :

Il est bon de rythmer dans un emploi sa vie,
De lutter sur la pente obstinément gravie,
De porter son fardeau chaque jour renaissant,
Et sache-le, pauvre homme, il n'est point d'œuvre vaine.
Le travail fait ta force et peut seul en ta veine
    Garder toujours jeune ton sang.

Travaille ! peu à peu que ton sillon se creuse,
Et devant ta récolte, humble, mais généreuse,
Tu sentiras grandir ton âme en dignité,
Si ton frère en passant te réclame sa dette,
Réponds : « Le bien que tu m'as fait, je le rachète,
    Comme toi je sers la cité. »

(1) G. Zidler, *le Livre de la douce Vie*.

Ajoute donc ta pierre à la maison des hommes,
Sans songer s'ils pourront à d'assez fortes sommes
Te payer d'un devoir avec zèle rempli ;
Donne-toi tout entier à ta tâche, et rapporte
A ceux qui, vers le soir, t'attendront à ta porte
L'argent pur du bien accompli.

TABLE DES MATIÈRES

AVANT-PROPOS. 9

PREMIÈRE PARTIE

Un grand ouvrier : Bernard Palissy.

I. — Comment se formait au temps jadis un véritable ouvrier. 17
II. — L'évolution d'un ouvrier. 29
III. — Changement d'orientation. 42
IV. — Le calvaire d'un inventeur. 51
V. — La suite et la fin d'une vie bien remplie. 64

DEUXIÈME PARTIE

La découverte de la force de la vapeur.

I. — DENIS PAPIN. Les pérégrinations d'un savant. . . . 77

La navigation à vapeur.

II. — JOUFFROY D'ABANS. 102
III. — FULTON. 123

TROISIÈME PARTIE

La conquête de l'air.

I. — Premiers ballons, grand émoi. 141
II. — PILATRE DE ROZIER. 153

QUATRIÈME PARTIE

Pour le vêtement : Jacquard.

I. — Une enfance pénible. 175
II. — Les mésaventures d'un inventeur. 187
III. — Les difficultés de faire connaître une invention. . 196
CONCLUSION. 217

TABLE DES GRAVURES

Village lacustre	11
Les armes de l'âge de pierre	13
Bernard Palissy	19
Léonard de Vinci vieux (crayon par lui-même)	23
Léonard de Vinci	27
Il visita les vallées et les gorges pyrénéennes	35
Anne de Montmorency	45
Plat exécuté par Bernard Palissy	61
Je me retirai secrètement pour ne pas voir massacrer	63
Charles IX	65
Catherine de Médicis	67
Le massacre du 24 août	69
Henri III	71
Soldat du temps de la Ligue	74
Papin travaillait aux plans d'une pompe élévatoire pour le château de Wilhelmshœhe en construction	85
Plus d'une foison vit des malheureux exposés à l'injure des foules	99
Le marquis de Jouffroy	105
Fulton voulait remplacer les écluses par des plans inclinés doubles	127
Bas-relief égyptien	143
Le premier aviateur sombra dans la mer	145
Expérience d'Annonay	147
Charles se chargea du gonflement	148
On le transporta dans la nuit	149
Ils finirent par investir l'aérostat	151
Avaient été placés un mouton, un canard et un coq	155
Voilà la rivière, et nous baissons	159
Les voyageurs furent trouvés fracassés	171
Jacquard	177
Statue de Kellermann, qui triompha de la révolte des Lyonnais	191
L'un d'eux, Lazare Carnot, avait le visage austère	201

Poitiers. — Société française d'Imprimerie et de Librairie.

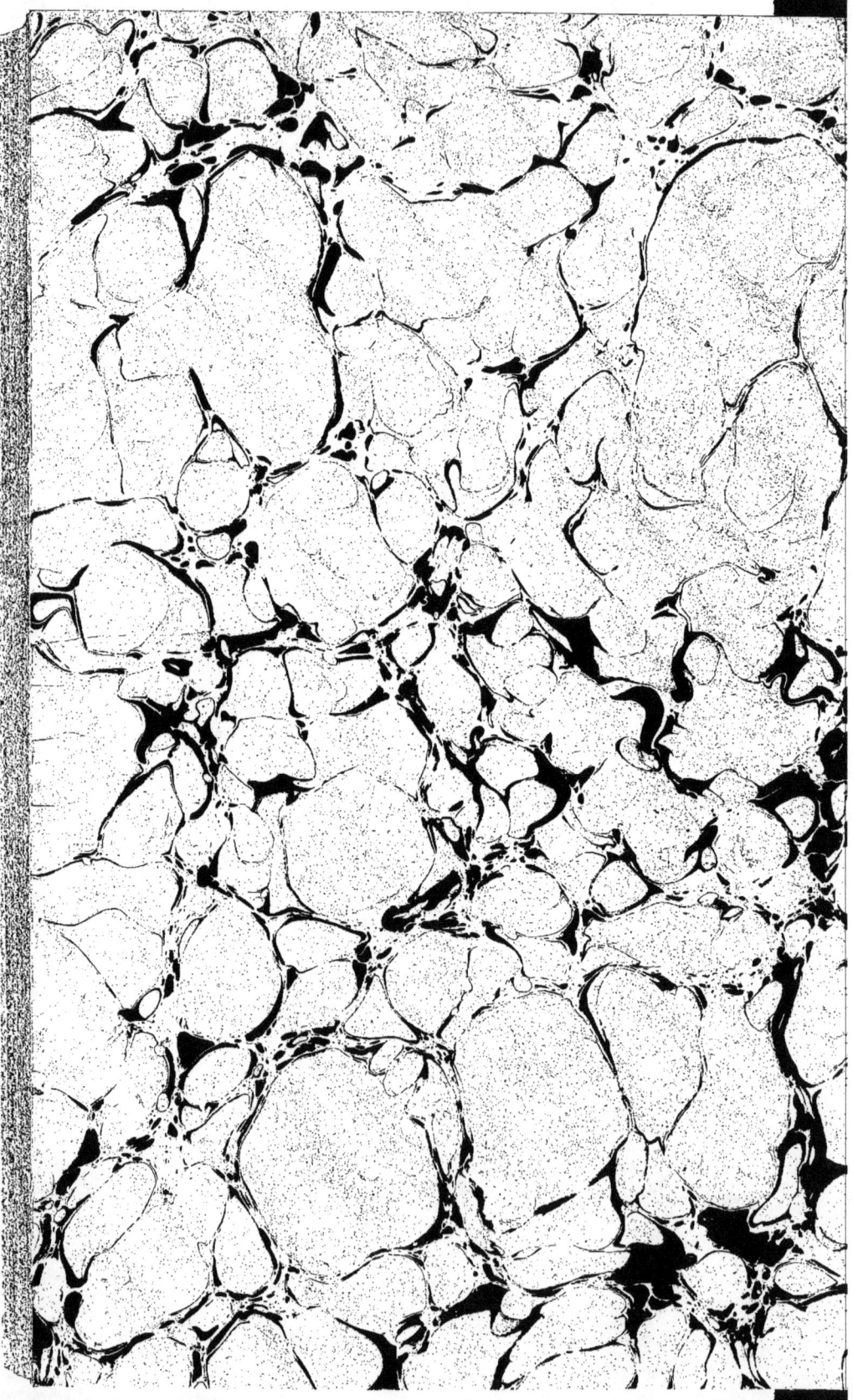

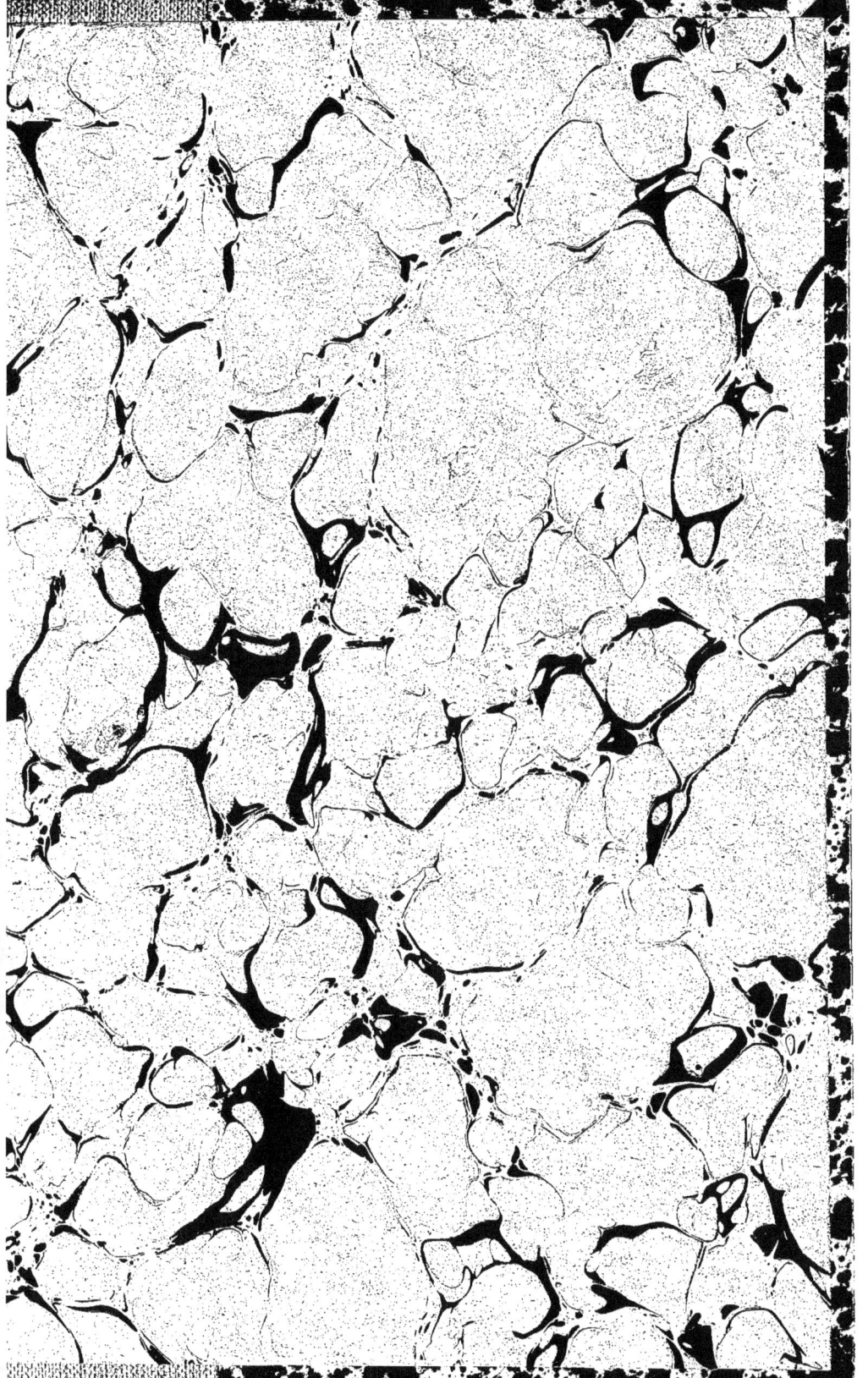

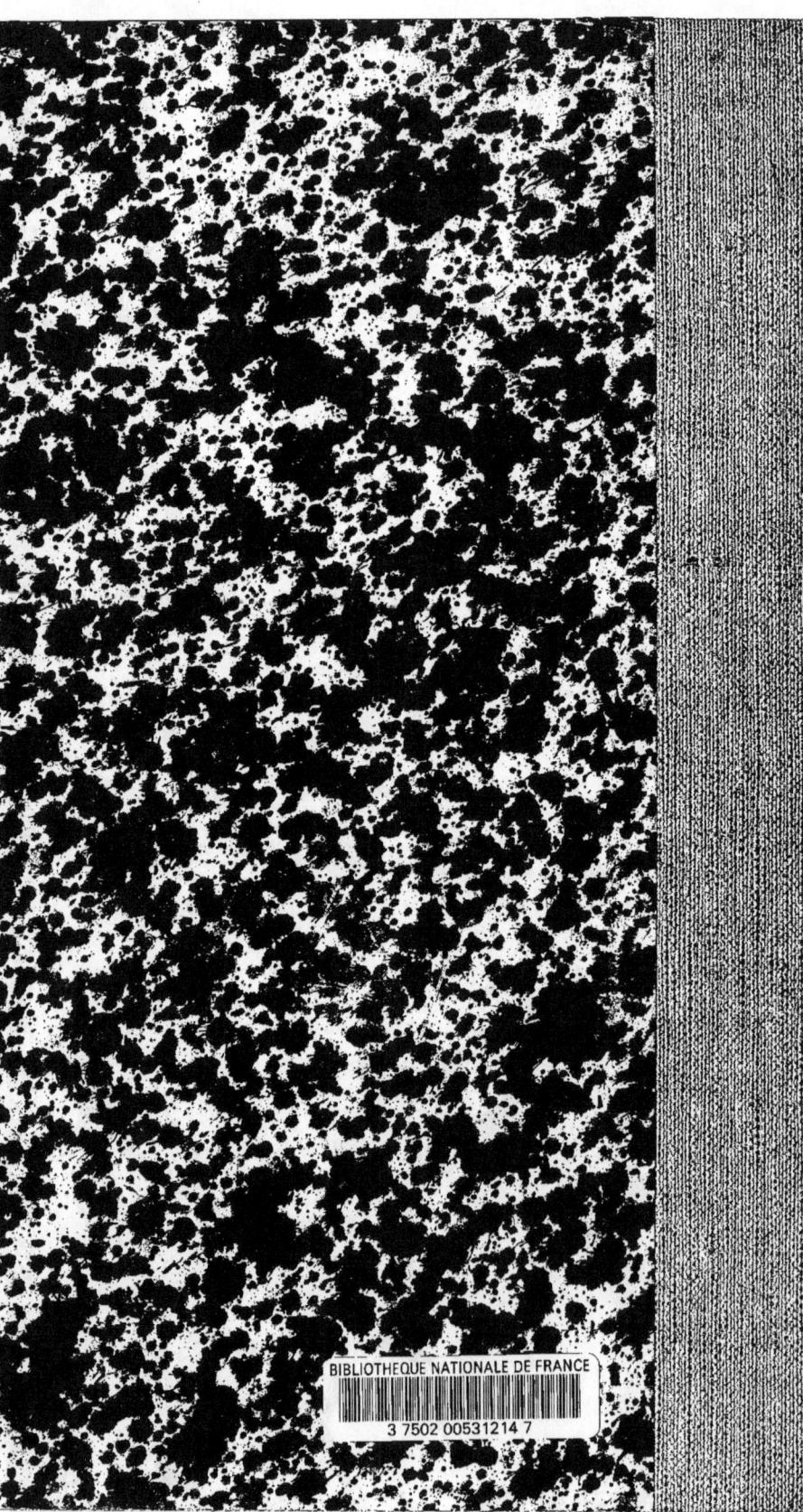

www.ingramcontent.com/pod-product-compliance
Lightning Source LLC
Chambersburg PA
CBHW071930160426
43198CB00011B/1340